今日からはじめる
いちばんやさしい
「大人のバイエル」

PHP

はじめに

　ピアノ教本『バイエル』は、ドイツの作曲家であるフェルディナント・バイエルによって、「ピアノ奏法の入門書」として1850年頃に著されました。以降、ピアノを学ぶための最適な入門書として、人々に長く親しまれています。

　本書では、オリジナルの『バイエル』の内容をやさしく、弾きやすくアレンジしています。これからピアノを弾いてみたいという方はもちろん、久しぶりにピアノを練習したい、あるいは、昔ピアノを習っていたけど挫折してしまった……という方でも、無理なく進めていただける内容構成となっています。

　本書の10ページから順を追って弾いていく中で、「これは苦手だな」と感じる曲があれば、ひとまず飛ばして構いません。気が向いたらあとでもう一度挑戦してみると弾けることもありますので、柔軟に向き合ってみてください。
　本書の全曲が弾けるようになったら、オリジナルの『バイエル』に挑戦してみるのもよいですし、それ以外のさまざまな曲にチャレンジするのもよいでしょう。

　皆さまのピアノ上達に、そして何より、ピアノに親しんでいただき、ピアノを楽しんでいただく毎日のために、本書が少しでもお役に立つことができましたら幸いです。

今日からはじめる いちばんやさしい「大人のバイエル」
目次

	ページ
はじめに	3
本書の特長	6
楽譜の見方	7
音符の長さ	10
ト音記号（高音部記号）とヘ音記号（低音部記号）	11

レッスン番号	バイエル番号	ページ
●No.1	3番	12
●No.2	4番	12
●No.3	12番	13
●No.4	13番	13
●No.5	8番	14
●No.6	9番	15

和音		16
●No.7	18番	16
●No.8	20番	17
●No.9	23番	18
●No.10	24番	18
●No.11	25番	19

休符の長さ		19
●No.12	28番	20

タイ		21
●No.13	29番	21

聖者の行進		22
●No.14	31番	23
●No.15	32番	24
●No.16	33番	26
●No.17	35番	27
●No.18	36番	28
●No.19	37番	30
●No.20	38番	32
●No.21	39番	33
●No.22	40番	34
●No.23	41番	35
●No.24	42番	36

レッスン番号	バイエル番号	ページ
●No.25	43番	37
●No.26	44番	38
●No.27	45番	40
●No.28	46番	41
●No.29	47番	42

主要三和音の左手の練習		43
●No.30	50番	44
●No.31	49番	46

付点4分音符		48
ロンドンばし		48
●No.32	48番	49
●No.33	51番	50

8分の6拍子		51
「モルダウ」より		51
●No.34	52番	52
●No.35	53番	53
●No.36	54番	53
●No.37	55番	54
●No.38	56番	56
●No.39	57番	57
●No.40	59番	58
●No.41	60番	60

「ピアノ・ソナタ 第11番」より		62
●No.42	61番	63

オクターヴ		64
●No.43	62番	64
●No.44	63番	66
●No.45	64番	68

音階と音名		69
ハ長調（Cメジャー）		70
●No.46	65番	71
●No.47	66番	72

レッスン番号	バイエル番号	ページ
●No.48	67番	73
●No.49	68番	74
●No.50	69番	74

ト長調（Gメジャー） …………………… 75
●No.51 … 70番 … 76
●No.52 … 71番 … 76
●No.53 … 72番 … 77

3連符 …………………………………… 78
●No.54 … 74番 … 79
●No.55 … 73番 … 80
●No.56 … 76番 … 81
●No.57 … 77番 … 82

半音階の音階練習① …………………… 83
●No.58 … 78番 … 84

ニ長調（Dメジャー） …………………… 86
●No.59 … 75番 … 87

歓喜の歌 ………………………………… 88
●No.60 … 80番 … 88

イ長調（Aメジャー） …………………… 89
●No.61 … 79番 … 90

「ペール・ギュント」より「朝」 ………… 91
●No.62 … 81番 … 91

ホ長調（Eメジャー） …………………… 92
●No.63 … 82番 … 93
●No.64 … 83番 … 94
●No.65 … 84番 … 95
●No.66 … 85番 … 96
●No.67 … 86番 … 97

付点8分音符 …………………………… 98
おんまはみんな ………………………… 98
●No.68 … 89番 … 99
●No.69 … 88番 … 100

レッスン番号	バイエル番号	ページ
長調と短調		102
イ短調（Aマイナー）		103
●No.70	91番	104

ヘ長調 …………………………………… 106
●No.71 … 92番 … 106
●No.72 … 93番 … 108
●No.73 … 94番 … 109
●No.74 … 95番 … 110
●No.75 … 96番 … 111
●No.76 … 97番 … 112
●No.77 … 98番 … 114

変ロ長調（B♭メジャー） ……………… 116
●No.78 … 99番 … 117

装飾音 …………………………………… 118
●No.79 … 100番 … 118
●No.80 … 101番 … 120

複付点 …………………………………… 121
●No.81 … 102番 … 121
●No.82 … 103番 … 122
●No.83 … 104番 … 124

半音階の音階練習② …………………… 126
●No.84 … 105番 … 126
●No.85 … 106番 … 128

故郷 ……………………………………… 129
シューベルトの子守歌 ………………… 130
ブラームスの子守歌 …………………… 131
メヌエット ……………………………… 132
トルコ行進曲 …………………………… 134
エリーゼのために ……………………… 136
糸 ………………………………………… 138

CD収録曲 ………………………………… 140

本書の特長

○ オリジナルの『バイエル』では、導入部分から53番までは右手・左手ともにト音記号で書かれていますが、本書ではより弾きやすくするため、初めからト音記号とヘ音記号を基本とした楽譜にアレンジしています。

○ オリジナルの『バイエル』は1～106番までありますが、本書では、まず『バイエル』に親しんでいただくことを最優先に考え、比較的弾きやすいものを抜粋して掲載しています（レッスン番号No.1～85）。また、円滑な習得を重視して、曲の順番をオリジナルとは入れ替えている箇所があります。あえて難度を下げて弾きやすくアレンジしている曲、一部をカットして短くしている曲もあります。

○ 本書では弾きやすいテンポに設定しています。はじめはゆっくりのテンポから弾いてみましょう。

○ 各レッスン番号の下に、「◎～」としてアドバイスやコツを記載しています。演奏の際の参考としてください。

○ 本書の曲がひと通り習得できたら、「成果発表」として巻末にある練習曲にチャレンジしてみましょう。

　本書の模範演奏CDについて

□ 本書に貼付しているコンパクトディスク（CD）には、本書に掲載している『バイエル』の模範演奏を収録しています。練習の手本のため、曲のイメージをつかむためにご活用ください。

□ 付属CDは、音楽プレーヤーやパソコンなどで再生することができます。最初から最後まで通して聴いていただくことも可能ですし、お好みの練習曲を選んで聴いていただくこともできます。お好みの練習曲を選んでお聴きになる場合は、本文中、各曲のテンポの右に記載しているトラック（Tr）番号を選んで再生してください。140～141ページに一覧表がありますので、あわせてご活用ください。

楽譜の見方

●鍵盤と五線譜

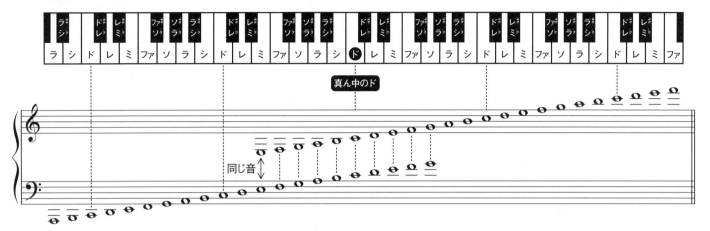

●指番号

親指から順に「1・2・3・4・5」と記されており、その音をどの指で弾けばよいかを表してあります。

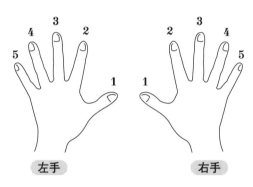

●臨時記号

- ♯ シャープ　半音上げる
- ♭ フラット　半音下げる
- ♮ ナチュラル　もとの高さに戻す

※臨時記号がついた場合、同じ小節内はそのまま♯や♭の音で演奏します。

●音符と休符の長さ

五線上の表記	音符名	音の長さ				同じ長さの休符	休符名
𝅝	全音符				4 拍	▬	全休符
𝅗𝅥.	付点2分音符			3 拍		▬.	付点2分休符
𝅗𝅥	2分音符	2 拍				▬	2分休符
♩.	付点4分音符	1拍半				𝄽.	付点4分休符
♩	4分音符	1拍				𝄽	4分休符
♪	8分音符	半拍				𝄾	8分休符
♬	16分音符	4分の1拍				𝄿	16分休符
3連符	3連符		1拍を3等分			𝄽	4分休符

●拍子記号

◆4分の4拍子
1小節に♩(4分音符)が
4つ分入ります。

◆4分の3拍子
1小節に♩(4分音符)が
3つ分入ります。

◆4分の2拍子
1小節に♩(4分音符)が
2つ分入ります。

◆8分の6拍子
1小節に♪(8分音符)が6つ分入ります。

◆8分の3拍子
1小節に♪(8分音符)が3つ分入ります。

●強弱記号

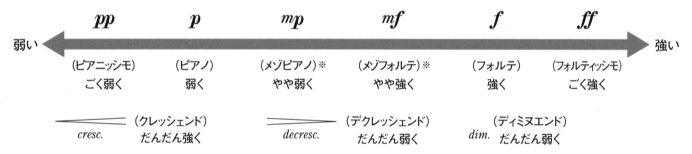

※(メッゾ・ピアノ)、(メッゾ・フォルテ)とも呼びます。

●主な奏法の記号

記号	読み方	意味	記号	読み方	意味
♩> / ∧	アクセント	その音だけを特に強く / ＞よりも強く	*8va* ------	オッターヴァー	1オクターヴ上を演奏する
♩ (tenuto)	テヌート	その音符の長さを充分保って	*8va bassa* ------	オッターヴァー・バッサ	1オクターヴ下を演奏する
♩. ♩.	スタッカート	その音を短く切る	*rit.*	リタルダンド	だんだん遅く
♩▼	スタッカッティシモ	するどく切る(スタッカートよりも短く)	*poco 〜*	ポコ	少しずつ
♩♩ (slur)	スラー	ちがう高さの音と音の間を切らずに、なめらかに演奏する	*a tempo*	ア・テンポ	もとの速さで
♩♩ (tie)	タイ	同じ高さの音をつなげる	*dolce*	ドルチェ	やわらかく
♩⌒	フェルマータ	その音を充分に伸ばす	*legato*	レガート	なめらかに

●演奏の順番

※「2nd time」あるいは「D.C. time」とある部分は、くり返した2回目のときだけそのように弾く、という意味です。

●指くぐり＆指越え

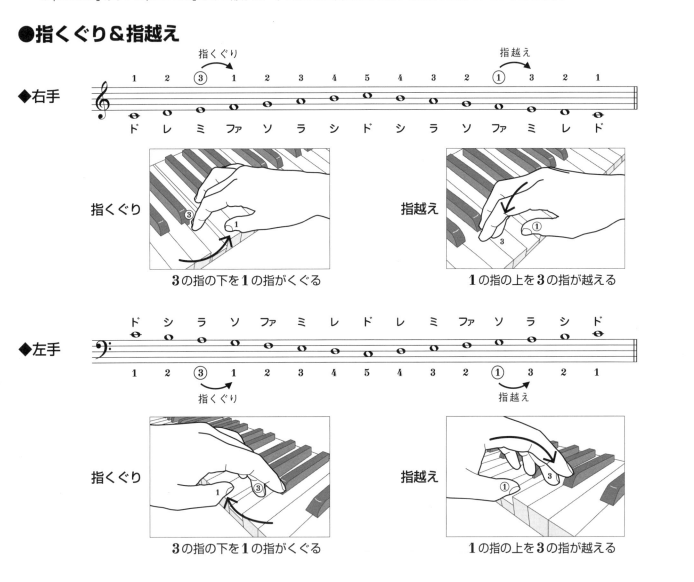

■音符の長さ

♩（4分音符）は1拍です。　　　［♩］と呼びましょう。
　　　　　　　　　　　　　　　タン

♩（2分音符）は2拍です。　　　［♩］と呼びましょう。
　　　　　　　　　　　　　　　ターアー

♩.（付点2分音符）は3拍です。［♩.］と呼びましょう。
　　　　　　　　　　　　　　　ターアーアー

●練習しましょう

◎リズムを声に出しながら手を叩いてから、弾いてみましょう。

①

タン タン タン タン　ター アー ター アー　タン タン ター アー　ター アー アー タン

②

ター アー タン　タン タン タン　タン ター アー　ター アー アー

■ト音記号（高音部記号）とヘ音記号（低音部記号）

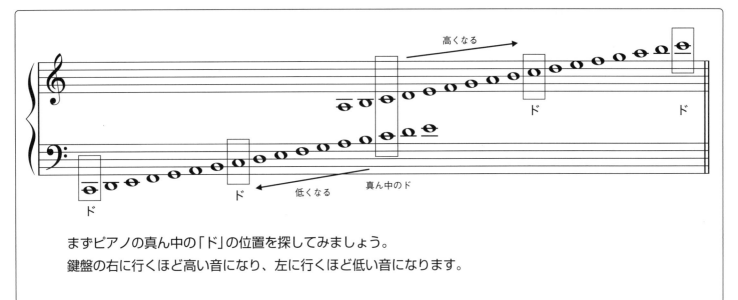

まずピアノの真ん中の「ド」の位置を探してみましょう。
鍵盤の右に行くほど高い音になり、左に行くほど低い音になります。

真ん中の「ド」より高い音を表すときにはト音記号（𝄞）
真ん中の「ド」より低い音を表すときにはヘ音記号（𝄢）を主に使います。

●練習しましょう

◎ヘ音記号の左手練習です。♩=70～100のテンポでメトロノームを鳴らして、最初から最後まで同じ速さで弾けるようにしましょう。

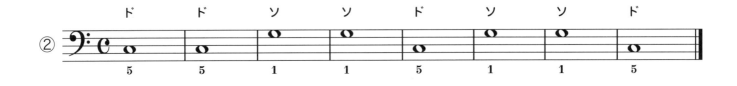

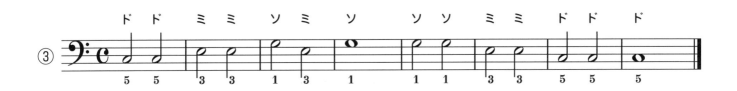

●No.1　バイエル3番　♩=70〜100　🎵 トラック(Tr)：01

◎ [o]（全音符）は4拍伸ばします。[1・2・3・4]と数えながら弾きましょう。何度もくり返して弾いてみましょう。

　:‖(リピート記号)は一番最初に戻ります。

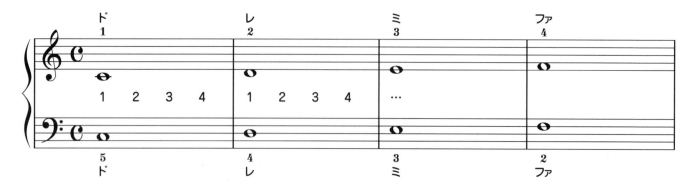

●No.2　バイエル4番　♩=60〜90　🎵 トラック(Tr)：02

◎ [♩]（2分音符）は2拍伸ばします。[1・2]と数えながら弾きましょう。何度もくり返して弾いてみましょう。

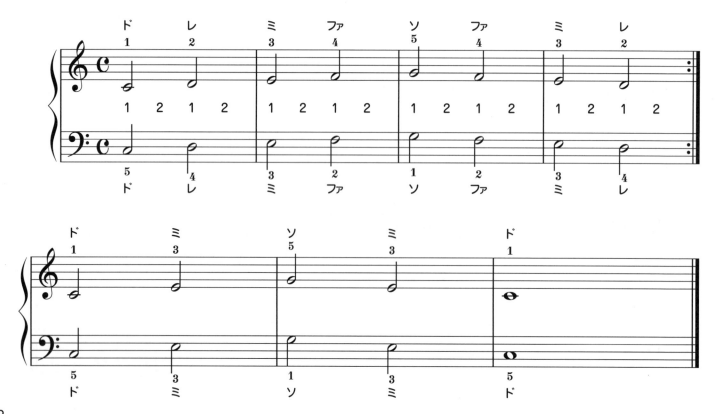

● **No.3** バイエル12番　♩=76～94　トラック(Tr)：03

◎右手の [♩]（4分音符）は1つ1つ丁寧に、となりの音を引きずらないようにきれいに弾きましょう。手の形にも気を付けましょう。

● **No.4** バイエル13番　♩=76～94　トラック(Tr)：04

◎左手の [♩] は右手につられないようにはっきりと弾きましょう。

● **No.5** バイエル8番　♩=75〜95　◎ **トラック(Tr)：05**

◎右手のメロディーは［♩］をはっきりと弾きましょう。左手は［o］が続いたあとに［♩］が出てくるので、長さに注意しましょう。

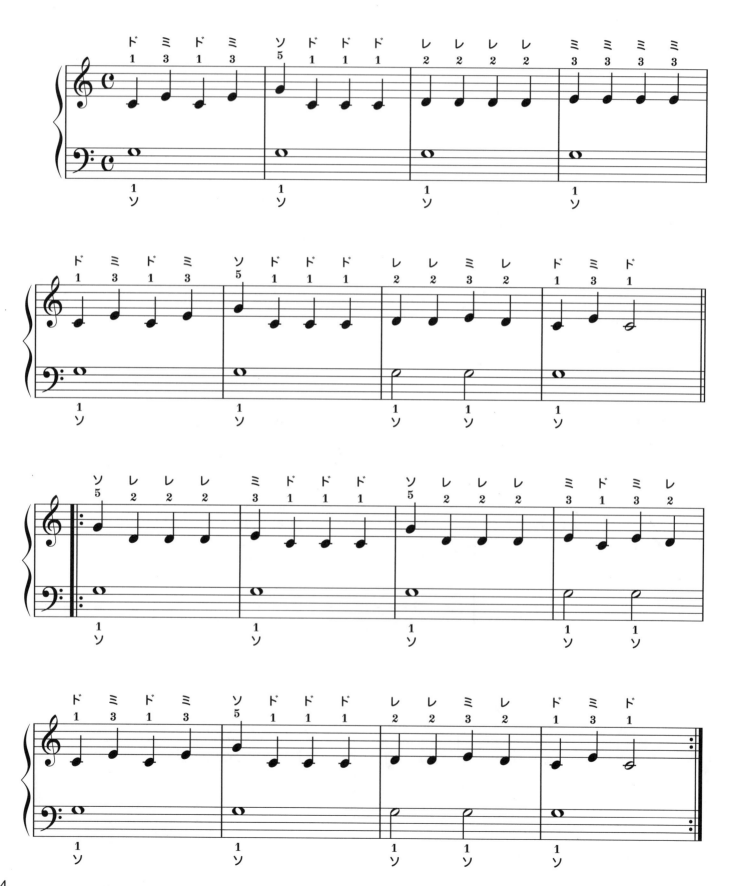

●No.6 バイエル9番 ♩=80〜120 トラック(Tr):06

◎ [♩.] と [♩] が交互に出てきます。つられないように注意しましょう。

■和音

> 2つ以上の高さの異なる音を、同時に鳴り響かせたときに生じる音の響きを和音といいます。

●練習しましょう

◎左手で弾きましょう。重なる音がバラバラにならないように指を立てて、音を揃える練習をしましょう。

●No.7　バイエル18番　♩=80〜110　トラック(Tr)：07

◎左手の和音は指を立てて、音がバラバラにならないように練習しましょう。

●No.8　バイエル20番　♩=90〜120　トラック(Tr):08

◎左手の音が右手の音より大きくならないように注意しましょう。

● **No.9** バイエル23番　♩=78〜95　トラック(Tr)：09

◎4小節目にメロディー（4分音符の動き）が左手に変わります。遅くならないように注意しましょう。

● **No.10** バイエル24番　♩=78〜95　トラック(Tr)：10

◎左手の［♩］は1音ずつはっきりと、きれいに弾きましょう。

● **No.11** バイエル25番 ♩=80～116 トラック(Tr)：11

◎右手と左手の音を揃えて弾きましょう。

■**休符の長さ**

[𝄽]（4分休符）・・・・・1拍休み。4分音符（♩）と同じ長さ休みます。

[𝄼]（2分休符）・・・・・2拍休み。2分音符（♩）と同じ長さ休みます。

[𝄻]（全休符）・・・・・1小節休み。全休符がある小節は弾きません。全音符（𝅝）と同じ長さ休みます。

● No.12　バイエル28番　♩=80～94　◎トラック(Tr)：12

◎右手の5の指(小指)を弾くときに、手首が下がらないように注意しましょう。

■タイ

同じ高さの音符を結んだ線 をタイといいます。
後の音符は弾かずにその音符の長さの分だけ伸ばします。音符の足し算だと考えてもよいでしょう。

♩⌒♩ は3拍伸ばします（1拍＋2拍）。

𝅝⌒♩ は5拍伸ばします（4拍＋1拍）。

● No.13　バイエル29番　♩＝76〜93　トラック(Tr)：13

◎タイの ♩⌒𝅝 は[1・2・3・4・5]、𝅝⌒♩ は[1・2・3・4・5・6・7・8]と、声に出して数えながら弾きましょう。

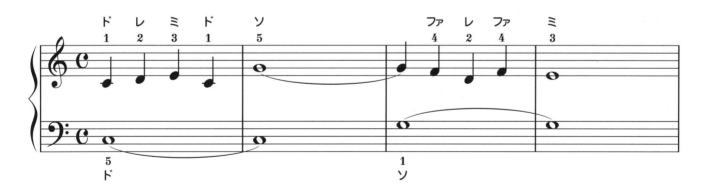

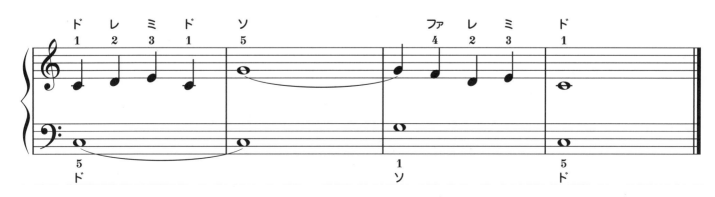

●弾いてみましょう

聖者の行進

アメリカ民謡

● No.14 バイエル31番 ♩=80〜92 トラック(Tr):14

◎右手、左手ともに1の指（親指）が飛び出して、他の音よりも大きくならないように注意しましょう。

●練習しましょう

◎右手と左手が同じ音です。音を揃えて弾きましょう。

●No.15　バイエル32番　♩=72〜95　トラック(Tr):15

◎となりの音に引きずられないように、1音1音はっきりと弾きましょう。

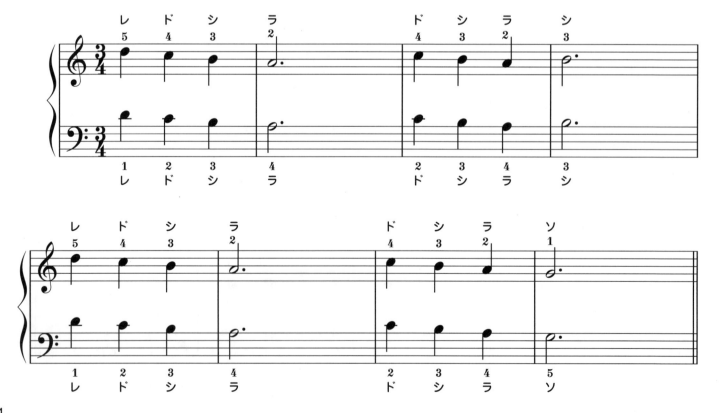

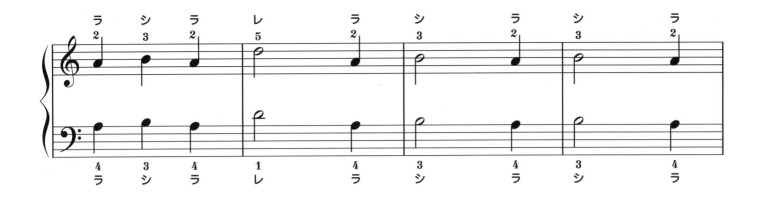
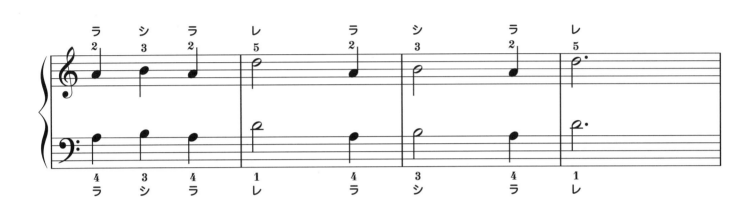
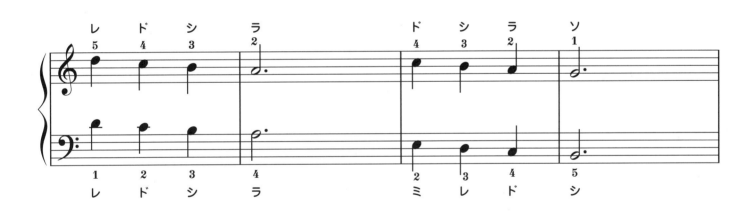
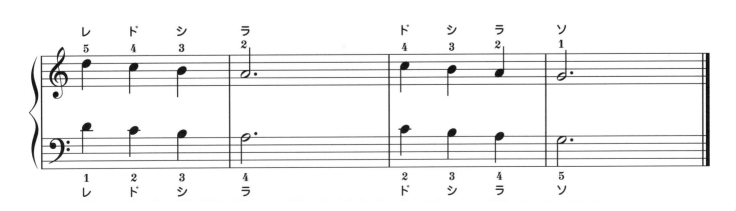

●No.16 バイエル33番 ♩=90〜120 トラック(Tr):16

◎元気よく、しっかりとした音で弾きましょう。

● **No.17**　バイエル35番　♩=80〜93　トラック(Tr)：17

◎右手の [♩] はなめらかに弾きましょう。

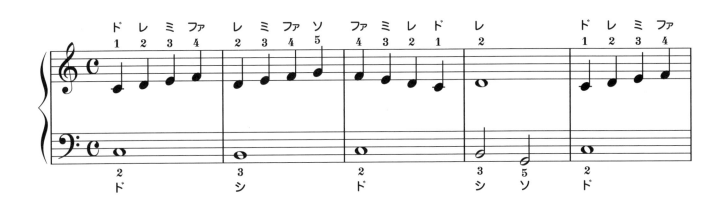

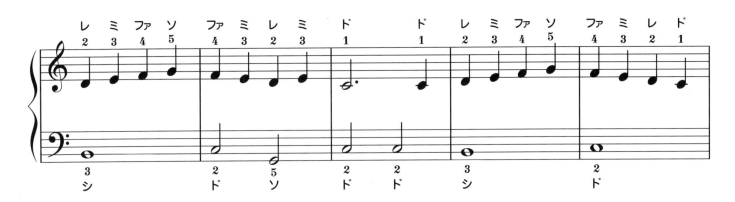

●練習しましょう

◎左手で弾きましょう。1の指の音が大きくならないように注意しましょう。

●No.18 バイエル36番 ♩=80〜95 トラック(Tr):18

◎右手から左手へのメロディーの交代をスムーズにできるようにしましょう。

●No.19 バイエル37番 ♩=95〜114 トラック(Tr):19

◎3拍子のリズムに乗って弾きましょう。

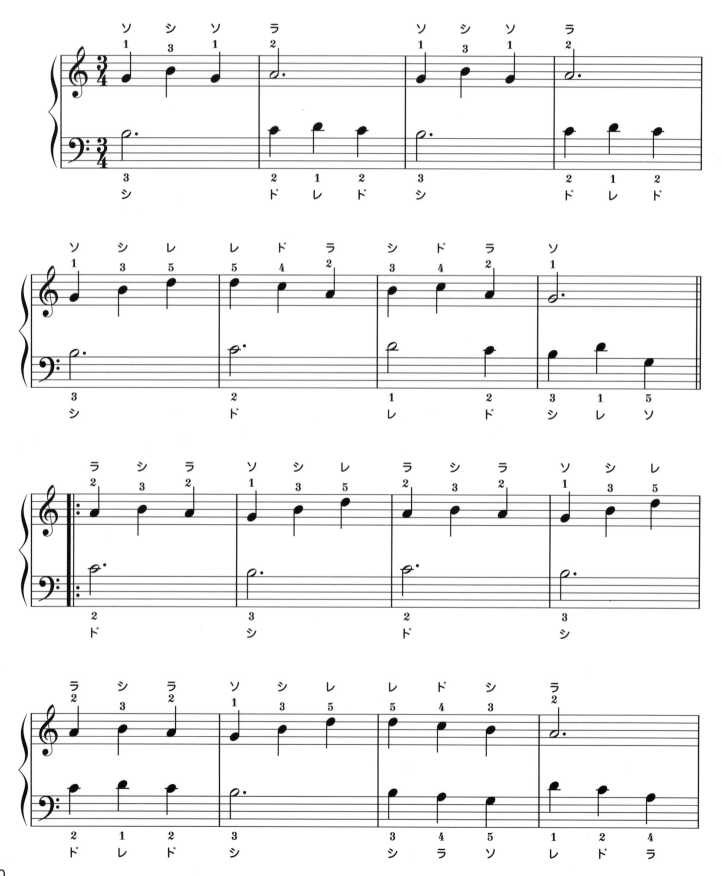

● No.20　バイエル38番　♩=90〜116　トラック(Tr)：20

◎ [♩]の右手と左手の交代が、止まらずにスムーズに弾けるようにしましょう。

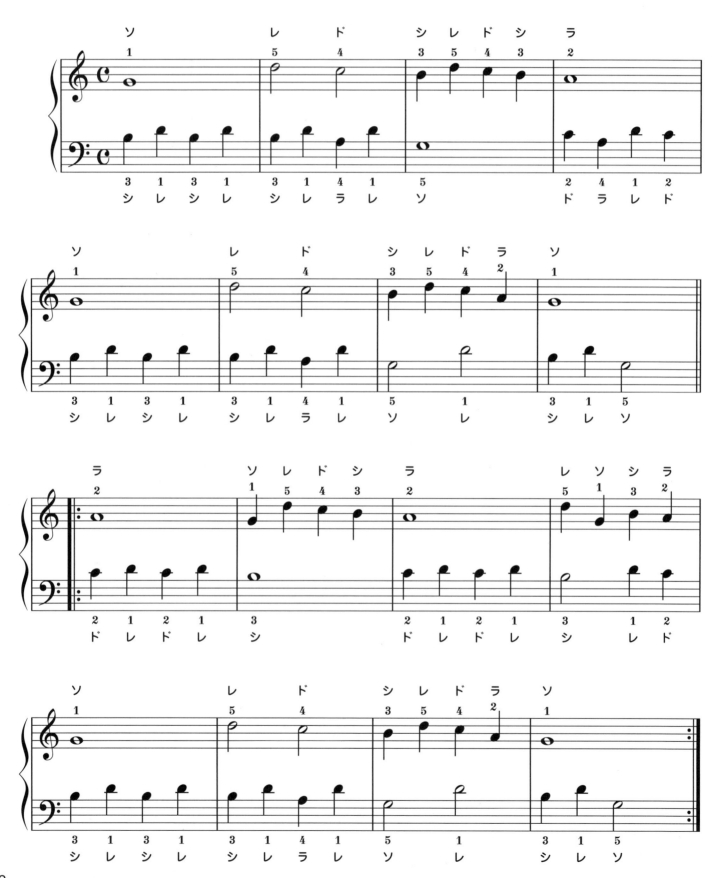

●No.21 バイエル39番 ♩=85〜97 ◎トラック(Tr):21

◎左手は右手より小さく弾きましょう。左手の1の指は、他の指の音より大きくならないように注意しましょう。

●No.22　バイエル40番　♩=85〜97　トラック(Tr)：22

◎最初の [♩] は速さを決める大切な音なので、[1・2] と声に出して数えましょう。

●No.23　バイエル41番　♩=95〜120　トラック(Tr)：23

◎イ短調の曲です（P.103参照）。少し淋しいイメージで弾いてみましょう。

No.24 バイエル42番 ♩=66〜86 トラック(Tr):24

◎左手の [𝅗𝅥.]（付点2分音符）は途中で音が切れないように、しっかりと3拍分伸ばしましょう。

●No.25　バイエル43番　♩=85〜97　トラック(Tr)：25

◎右手のメロディーは、なめらかに、やさしく弾きましょう。

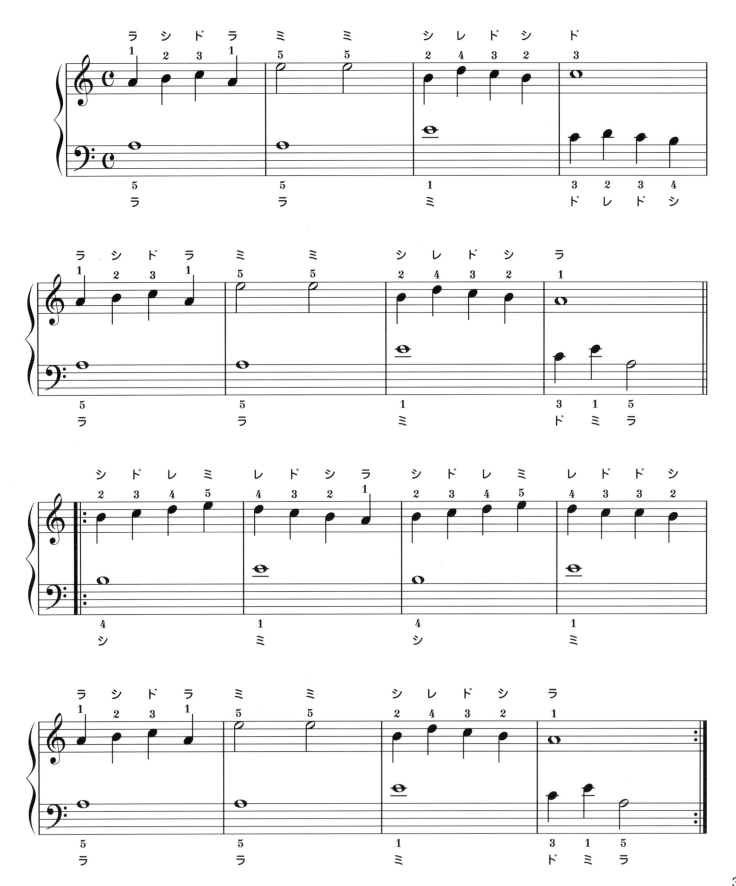

● **No.26** バイエル44番　♩=75〜100　◎ **トラック(Tr)：26**

◎ [●] が表拍で [●] が裏拍となります。［1 と 2 と 3 と 4 と］と声に出して数えてみましょう。

● • ● • ● • ● •

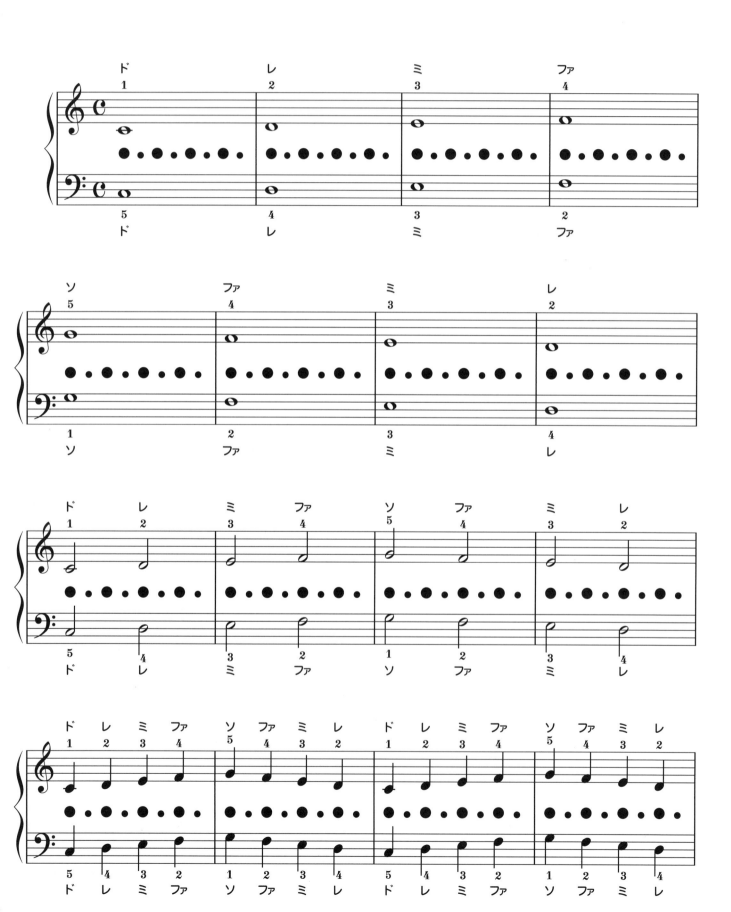

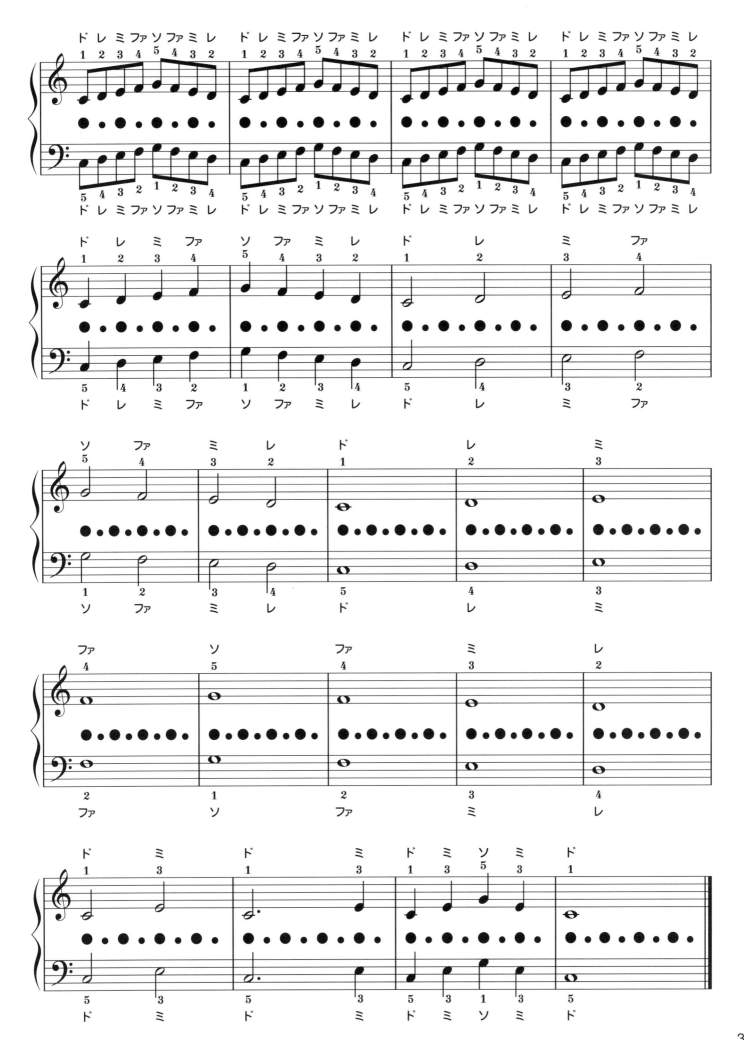

●No.27　バイエル45番　♩=65〜100　◎トラック(Tr):27

◎右手と左手がずれないように注意しましょう。3段目と4段目は［♩］と［♪］が右手と左手で入れ替わります。
　速さを一定に保って弾けるように、ゆっくり練習してから速度を少しずつ上げてみましょう。

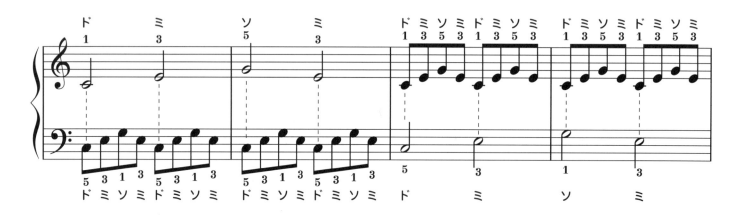
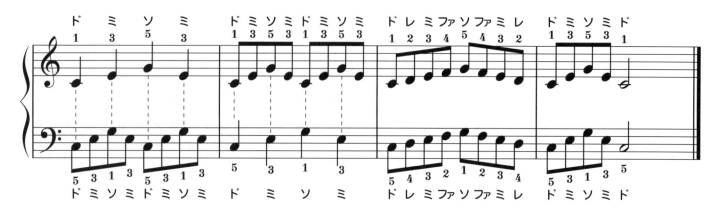

● **No.28** バイエル46番　♩=73〜100　トラック(Tr):28

◎左手が今までより少し音が離れる箇所があります（※）。指の開きに注意しましょう。

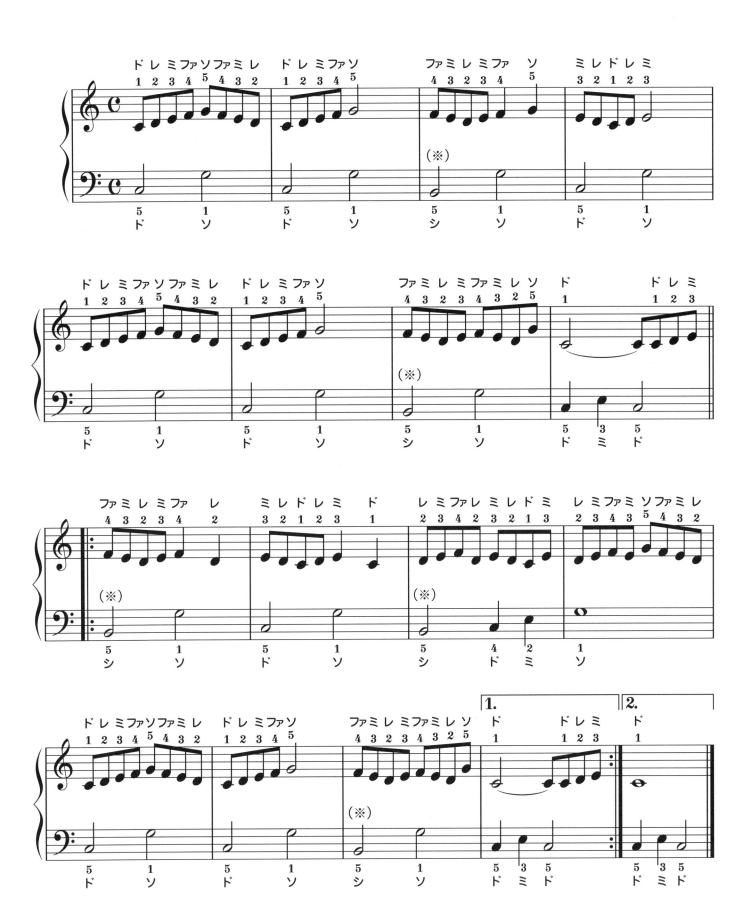

● No.29　バイエル47番　♩=60〜85　トラック(Tr)：29

◎ [♩]や[♪]につられないように、[♩]はしっかりと2拍分伸ばしましょう。

■主要三和音の左手の練習

右手のメロディーに対して、左手の伴奏の響きを付けるときに重要な3つの和音です。この和音をしっかりと押さえられるようになってから、分散和音の練習をしましょう。

●練習しましょう

◎左手の和音の練習です。3つの音を同時に弾きます。バラバラにならないように注意しましょう。

指を立てて、重なる3つの音を揃えて

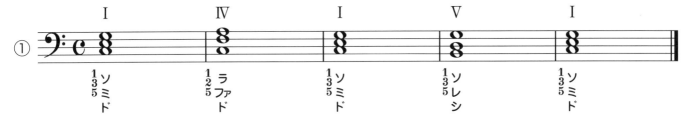

手首を使ってやわらかく

1の指の音が大きくならないように

1拍目はしっかり弾いて、2～4拍目の和音は小さく、軽く

●No.30　バイエル50番　♩=82〜110　トラック(Tr)：30

◎となりの音を引きずらないように、指を立てて、つぶを揃えて弾きましょう。

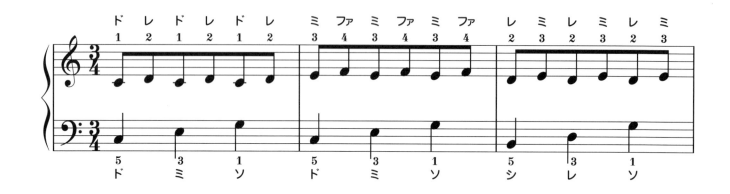

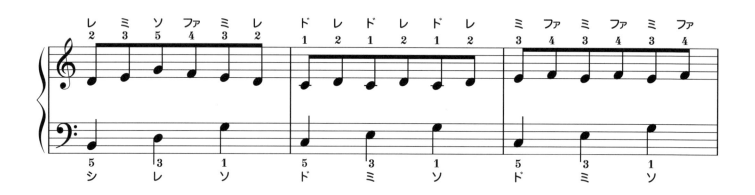

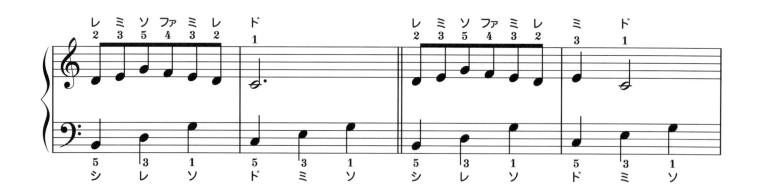

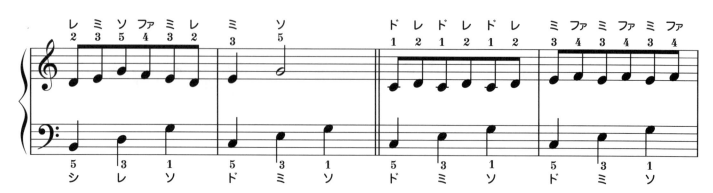

● No.31 バイエル49番 ♩=86〜110 トラック(Tr)：31

◎左手は右手のメロディーより小さく、やさしく弾きましょう。

■ 付点4分音符

付点4分音符 [♩.] は [♩+♪] ＝ 1.5拍の長さです。[♩.] と呼びましょう。

● 練習しましょう

メリーさんのひつじ／アメリカ民謡

きよしこの夜／F. グルーバー

● 弾いてみましょう

ロンドンばし

イギリスの曲

● No.32　バイエル48番　♩=96～116　トラック(Tr)：32

◎付点4分音符の練習曲です。[♩. ♪♩]とリズムを声に出して手を叩いてみましょう。
　　　　　　　　　　　　ターン タ　タン

●No.33 バイエル51番 ♩=70〜90 トラック(Tr):33

◎右手は1音ずつはっきりと、他の音を引きずらないように弾きましょう。左手の3段目の1、2小節目は1オクターヴ（ソからソまで）音がとびます（※）。手をしっかりと開いて、はずさないようにしましょう。

■8分の6拍子

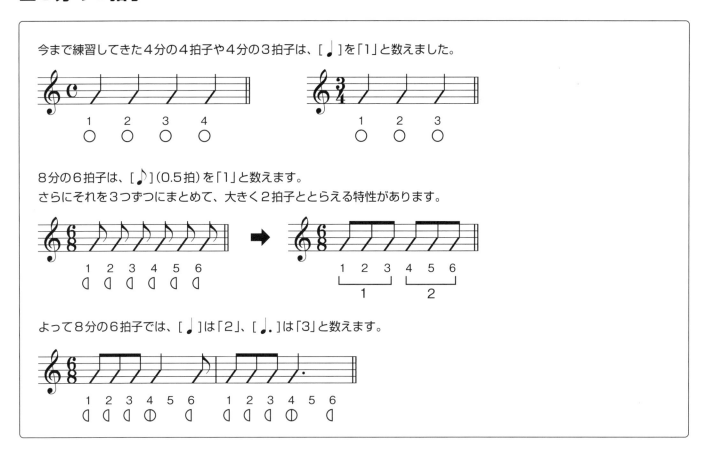

●弾いてみましょう

「モルダウ」より

B. スメタナ

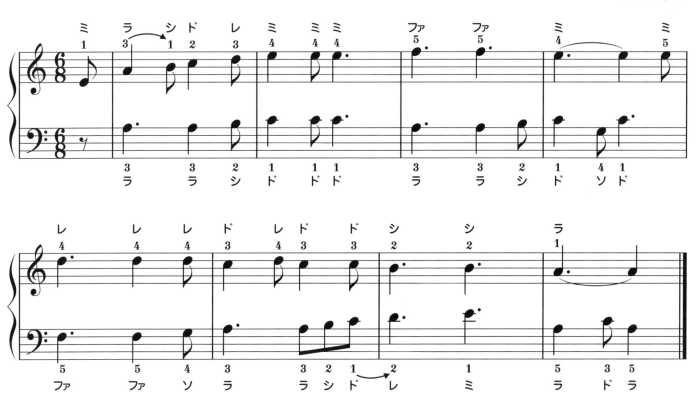

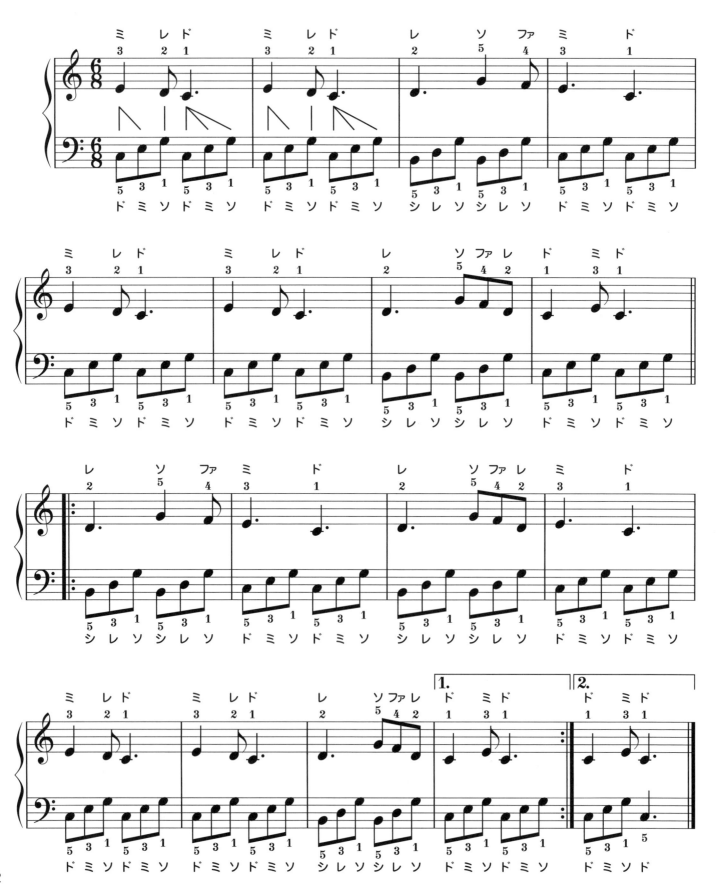

●No.35 バイエル53番 ♩=60〜90 トラック(Tr):35

◎右手の1拍目の[ ]は、鍵盤から軽く手を離して左手の音がきれいに聞こえるように弾きましょう。

●No.36 バイエル54番 ♩=60〜90 トラック(Tr):36

◎No.35の逆で、左手の1拍目の[ ]は鍵盤から少し手を離しましょう。

●No.37　バイエル55番　♩=76〜96　トラック(Tr)：37

◎左手は右手のメロディーを邪魔しないように、やさしく弾きましょう。

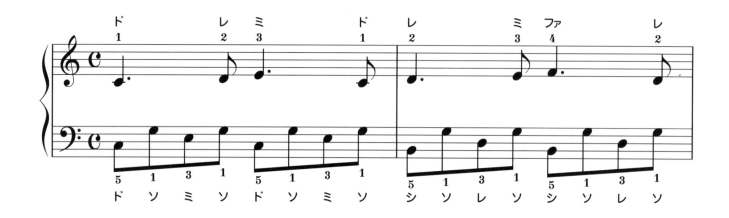

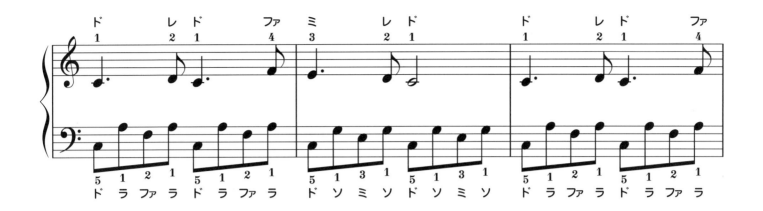
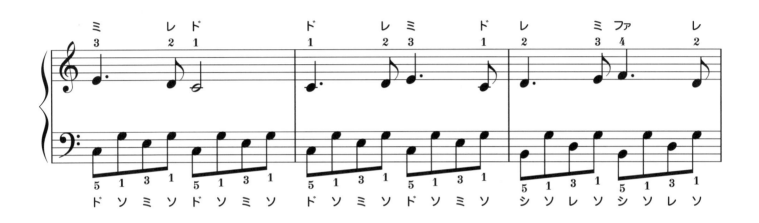
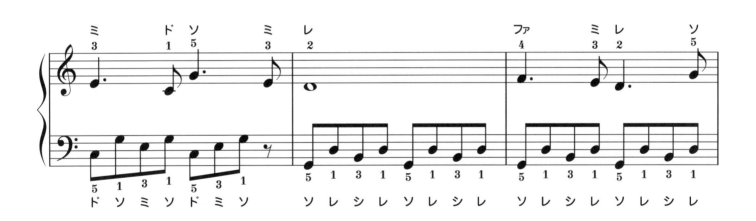

●No.38　バイエル56番　♩=96〜116　トラック(Tr)：38

◎速さが変わらないように気を付けましょう。3段目は右手と左手が同じメロディーになるので、揃えて弾きましょう。

●No.39 バイエル57番 ♩=96〜114 トラック(Tr):39

◎7小節目と15小節目の右手の8分音符が遅くならないように注意しましょう。

●No.40　バイエル59番　♩.(♪♪♪)=47～72　◎トラック(Tr):40

◎右手のメロディーは乱暴にならないように、なめらかに弾きましょう。
　左手は右手より小さく、ひかえめに弾きましょう。

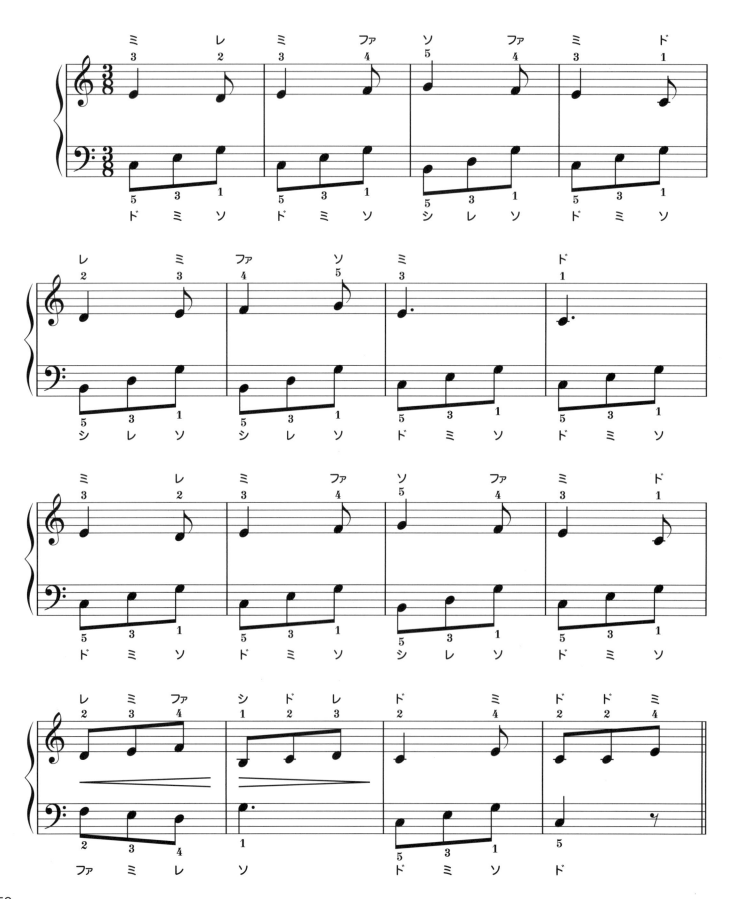

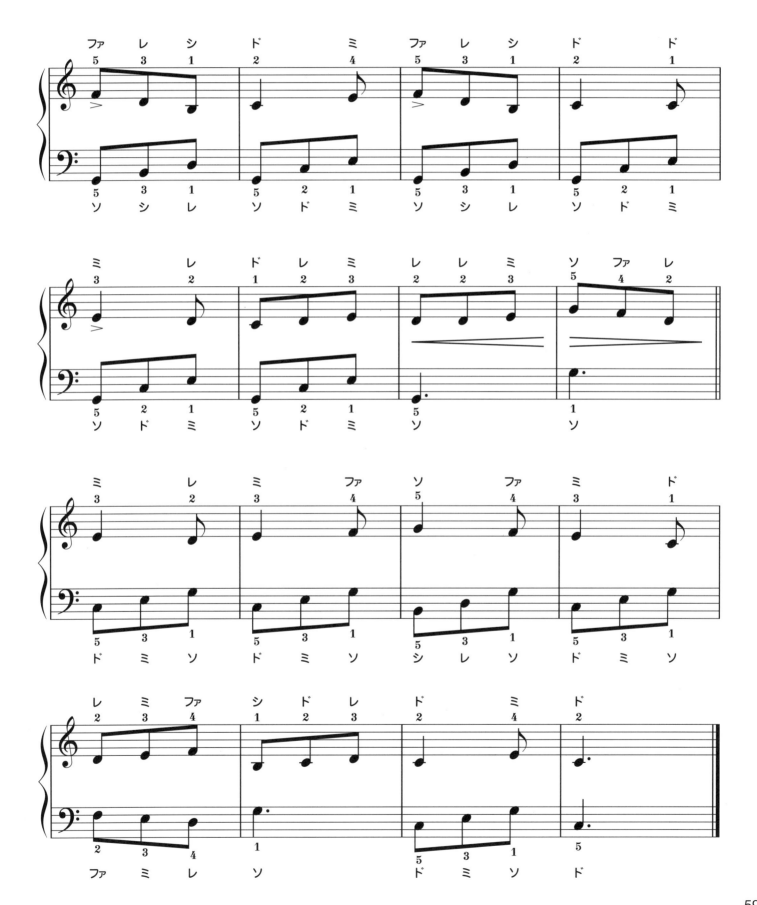

●No.41　バイエル60番　♩=86〜110　トラック(Tr):41

◎弾く位置が曲の途中で変わります。位置を変えたらまた元の位置に戻ります。

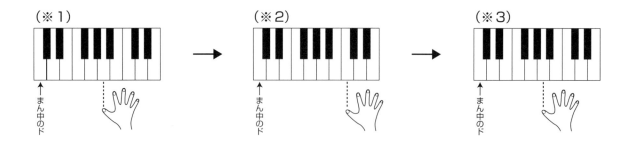

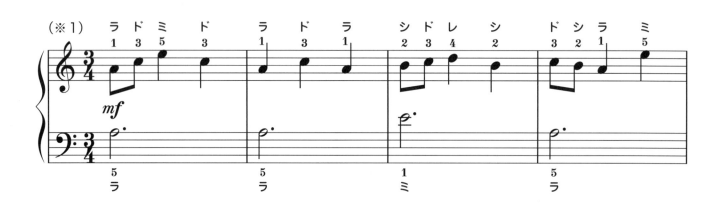

●弾いてみましょう

「ピアノ・ソナタ 第11番」より

W. A. モーツァルト

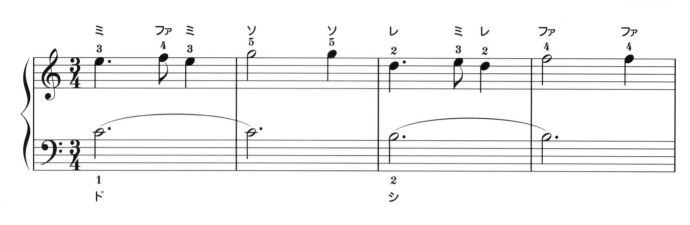
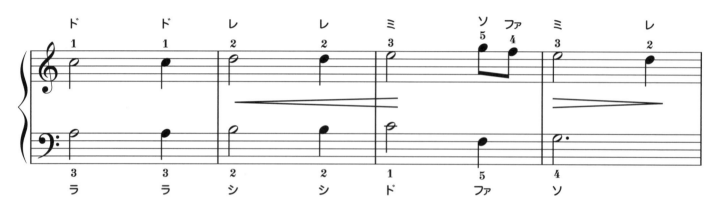
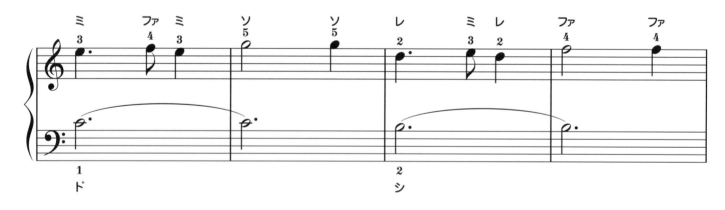
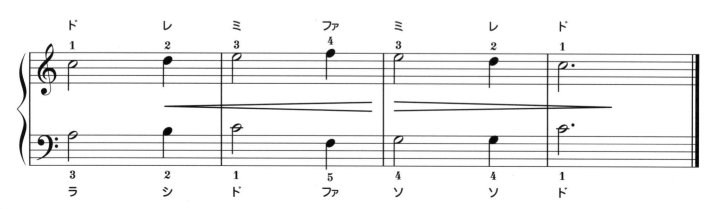

●No.42　バイエル61番　♩=100〜120　トラック(Tr)：42

◎メロディーを歌いながら、リズムを手で叩く練習をしてからピアノを弾くとよいでしょう。

■オクターヴ

オクターヴとは「ドレミファソラシド」の「ド」から「ド」までの8つの音の幅のことです。

〔オクターヴ記号について〕

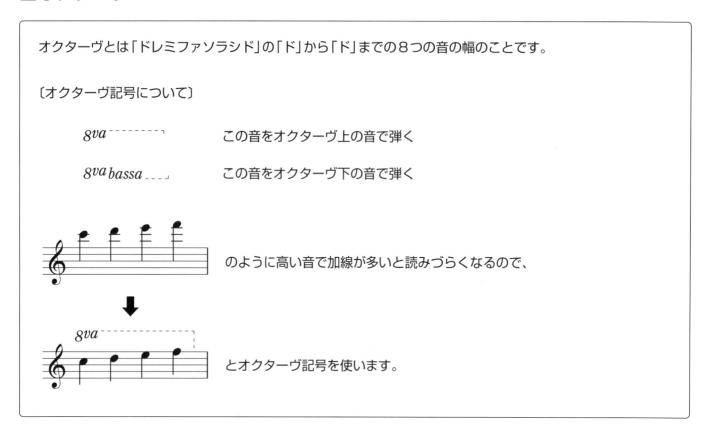

● No.43　バイエル62番　♩=100〜134　トラック(Tr)：43

◎手の位置の移動をすばやくできるように、たくさん練習しましょう。

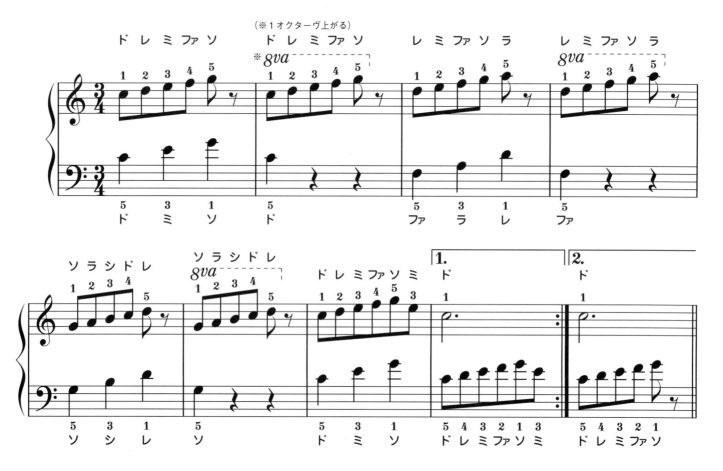

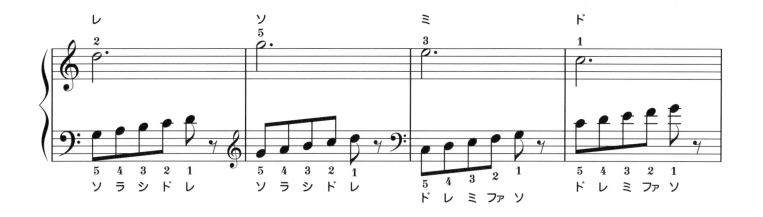
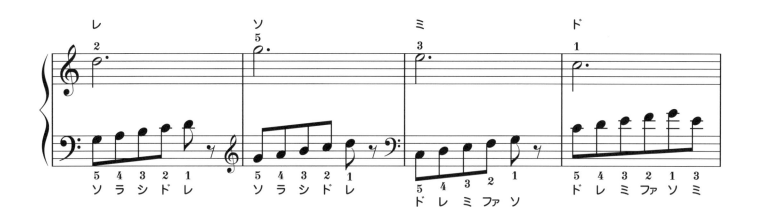
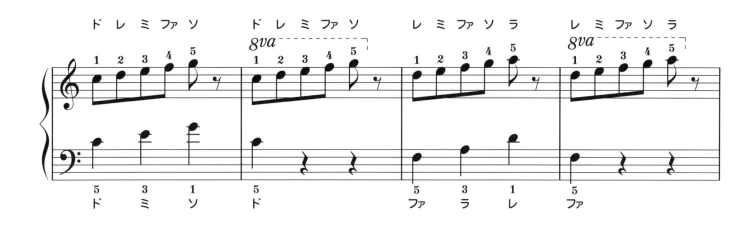
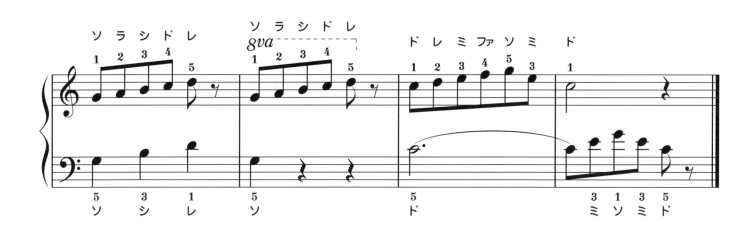

●No.44　バイエル63番　♩=96〜118　トラック(Tr)：44

◎音の強弱を付けて、表情豊かに弾きましょう。

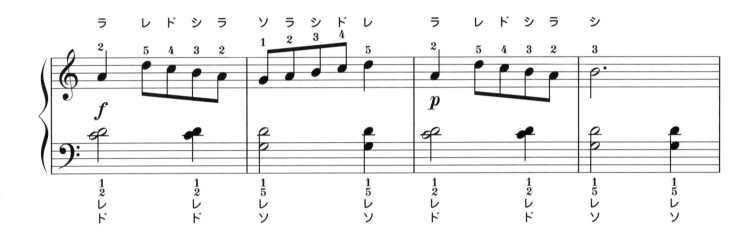

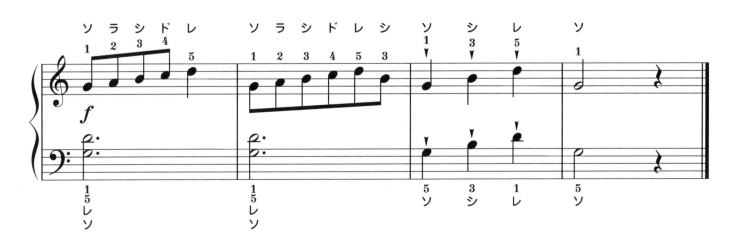

No.45 バイエル64番 ♩=86〜100 トラック(Tr):45

◎同じ音を違う指で弾く練習です。指番号を見ながら、指を入れ替えて弾きましょう。

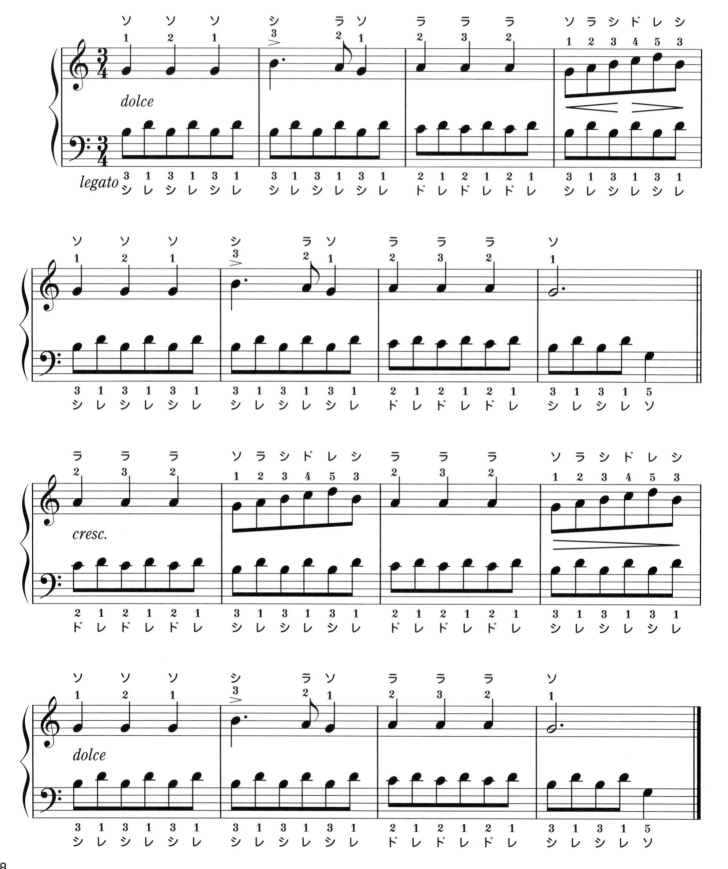

■音階と音名

ある音から1オクターヴ上の音までの間を規則的に並べた音を**「音階」**といいます。
その音階の始まりの音、つまり曲の主となる音を**「主音」**といいます。

この本では、音の名前（音名）を「ドレミファ・・・」とカタカナで表記してありますが、他にも日本語で「ハニホヘ・・・」、英語で「CDEF・・・」といった読み方があります。
主音の音名と音階を組み合わせたものを**「調名」**（英語で**「キー」**）といいます。

●長音階と短音階

1つ鍵盤を挟んでとなりの音を**「全音」**、すぐとなりの鍵盤の音を**「半音」**といいます。**全音は半音2つ分です。**

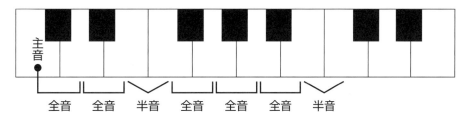

この規則性で並んだ音階を**「長音階」**といいます。明るいイメージの曲調になります。
「ド」を主音とする長音階は「ハ長調（Cメジャー）」です。

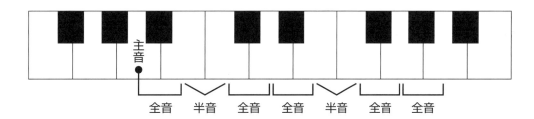

この規則性で並んだ音階を**「短音階」**といいます。暗いイメージの曲調になります。
「ラ」を主音とする短音階は「イ短調（Aマイナー）」です。

●半音階

となり合う音が全て半音で構成されている音階を**「半音階」**といいます。黒鍵を含めて全ての音を弾きます。

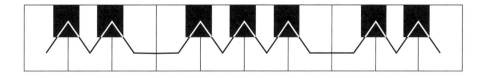

■ハ長調（Cメジャー）

ハ長調はドの音が主音です。この音から始まる長音階をハ長調といいます。

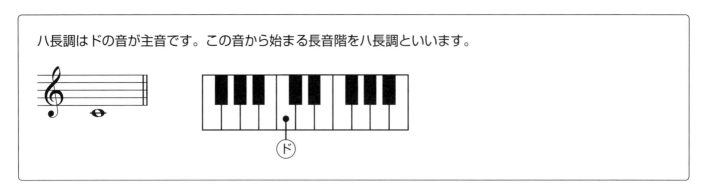

●ハ長調の音階練習

No.46 バイエル65番 ♩=70〜96 トラック(Tr):46

◎指の回転の練習です。指くぐり、指越えがスムーズにできるように、最初はゆっくり練習しましょう。

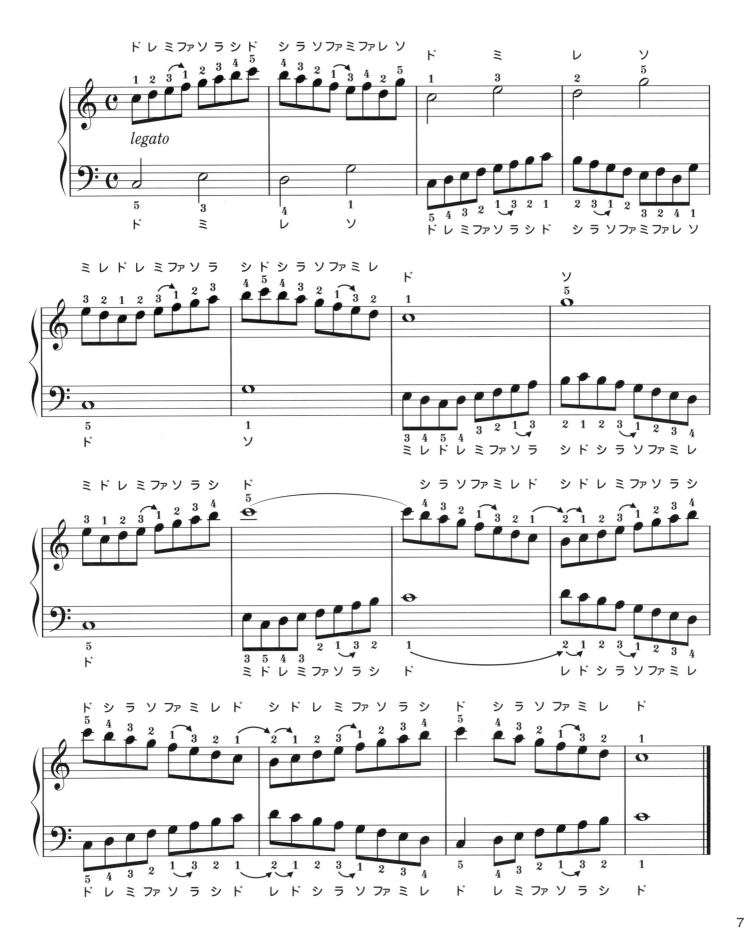

No.47　バイエル66番　♩.(♫♪)=52〜72　トラック(Tr)：47

◎左手は重くならないように、力を抜いてやさしく弾きましょう。

No.48　バイエル67番　♩=65〜80　トラック(Tr)：48

◎右手の和音は型を作って鍵盤を押すイメージで、揃えて弾きましょう。左手はタイに注意しましょう。

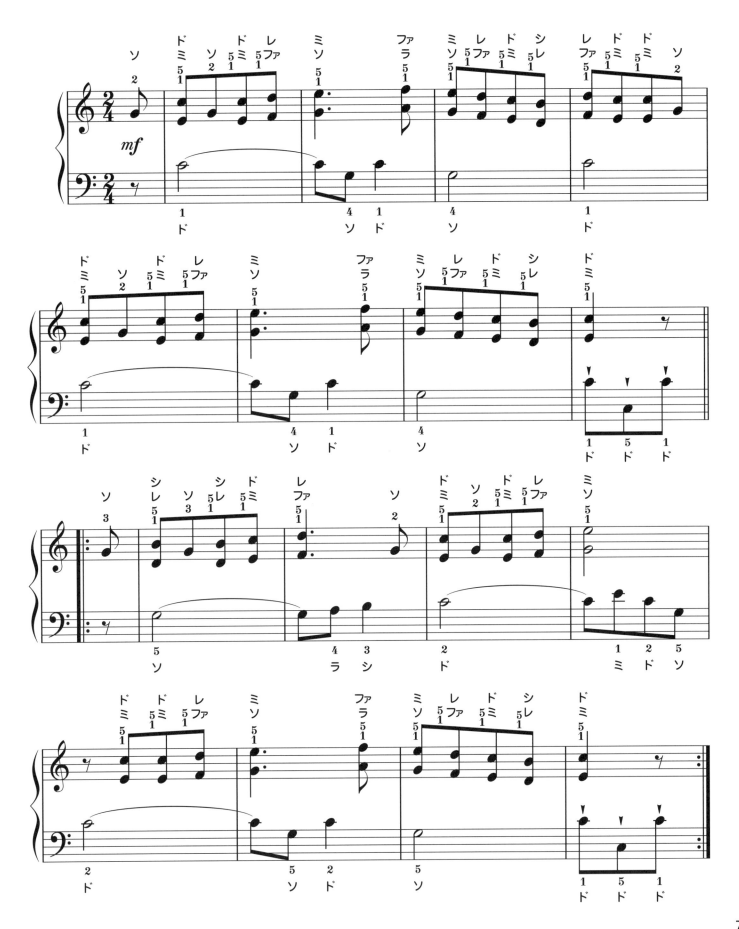

● **No.49** バイエル68番 ♩=86〜100 トラック(Tr)：49

◎右手の和音がバラバラにならないように、揃えて弾きましょう。

● **No.50** バイエル69番 ♩=86〜100 トラック(Tr)：50

◎左手の和音を揃えて弾きましょう。

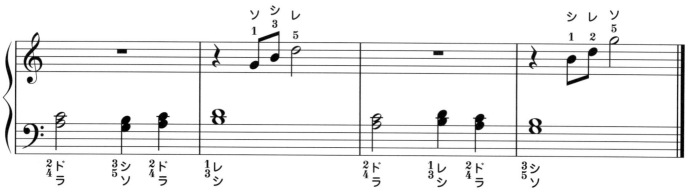

■ト長調（Gメジャー）

ト長調はファの音に［♯］（シャープ）が付きます。
「ソ」の音が主音です。この音から始まる長音階をト長調といいます。

●ト長調の音階練習

※左手を1オクターヴ上げて弾いてもよいでしょう。

●No.51　バイエル70番　♩=85〜100　トラック(Tr):51

◎右手の和音がバラバラにならないように、揃えて弾きましょう。

●No.52　バイエル71番　♩=85〜100　トラック(Tr):52

◎左手の和音を揃えて弾きましょう。

No.53 バイエル72番 ♩=76〜105 トラック(Tr):53

◎左手は小さく、和音は揃えて弾きましょう。

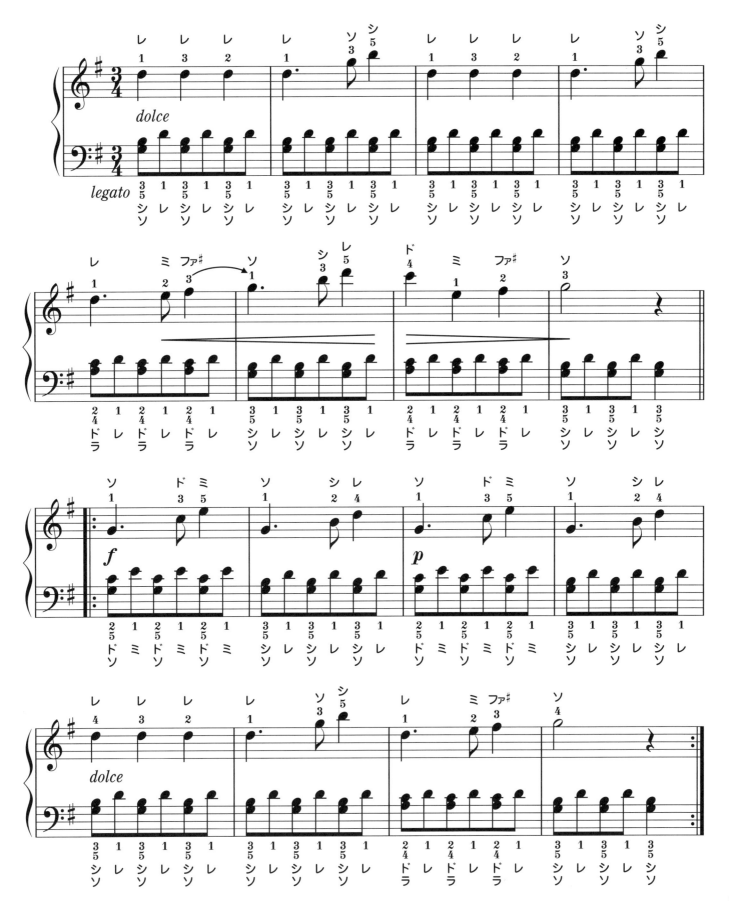

■3連符

> 1拍を3等分したリズムです。ある音の長さを均等に3つに分けて弾きます。

●練習しましょう

◎ 上の音符は右手で、下の音符は左手で、机や膝を叩いてみましょう。

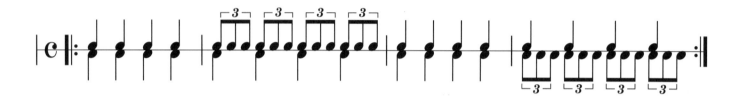

●弾いてみましょう

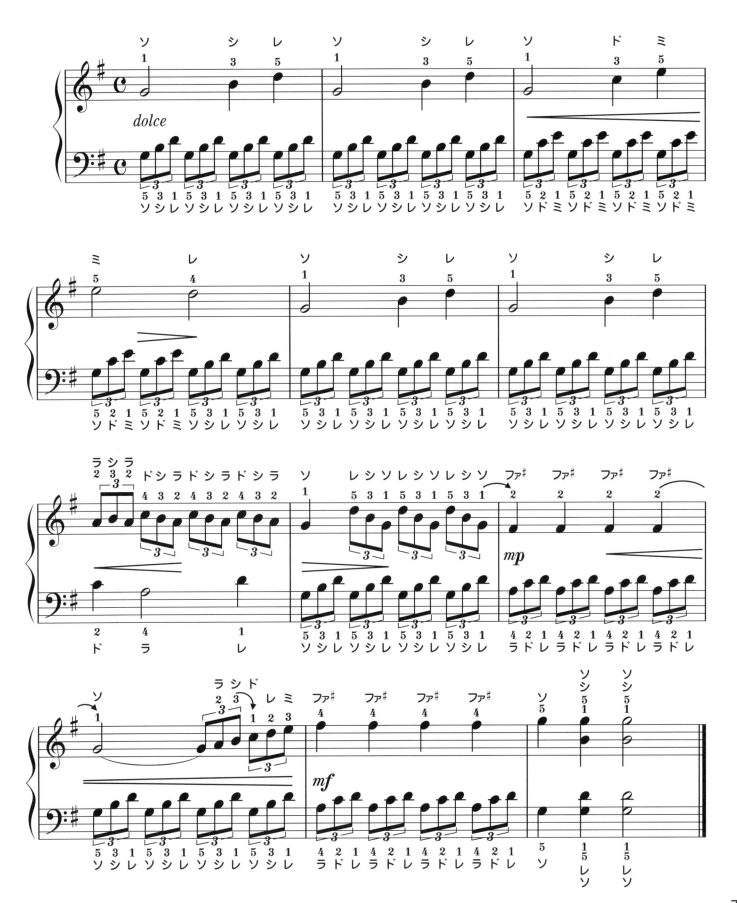

●No.55 バイエル73番 ♩=70〜90 トラック(Tr):55

◎8分音符のメロディーはやさしく、4つの音符をひとまとまりに感じて弾きましょう。臨時記号の[♯][♭]にも注意しましょう。

●No.56　バイエル76番　♩=100〜130　トラック(Tr)：56

◎左手の和音は控えめに、右手のメロディーを邪魔しないように気を付けましょう。

No.57 バイエル77番 ♩=90〜120 トラック(Tr)：57

◎右手の8分音符から左手の8分音符に移るときに、指が止まらず、同じテンポで弾けるように練習しましょう。

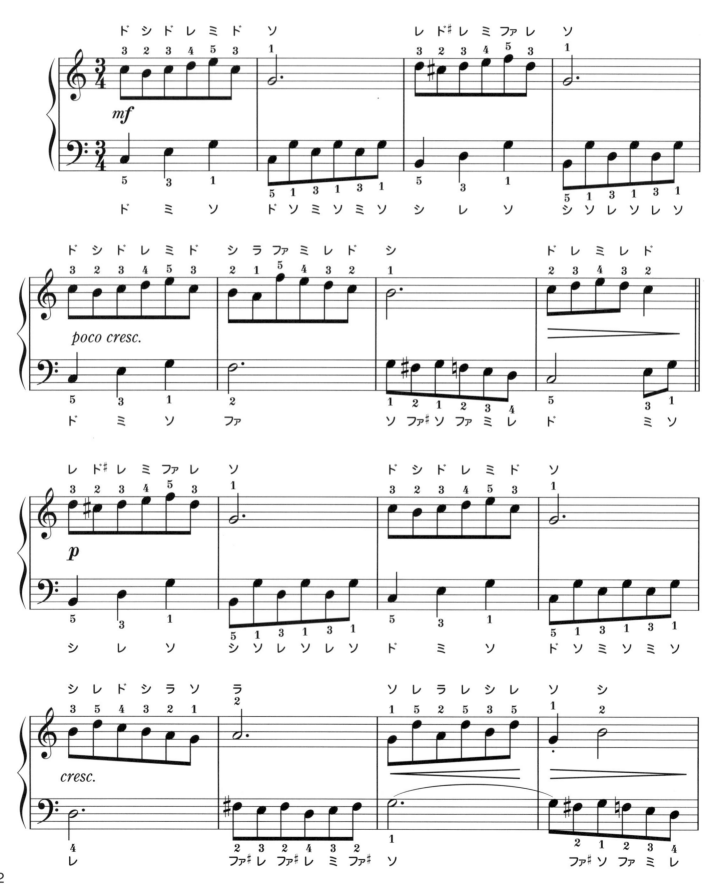

■半音階の音階練習①

◎指を回転する時は手首をひねらず、手の位置をなるべく変えないで弾きましょう。

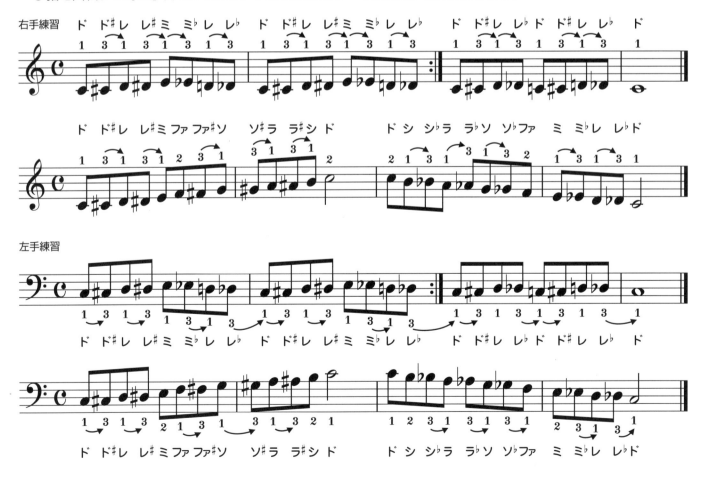

No.58 バイエル78番 ♪.(♫♫)=52〜70 トラック(Tr):58

◎和音の連打は元気よくしっかりと、3段目は伸びやかに美しく弾きましょう。

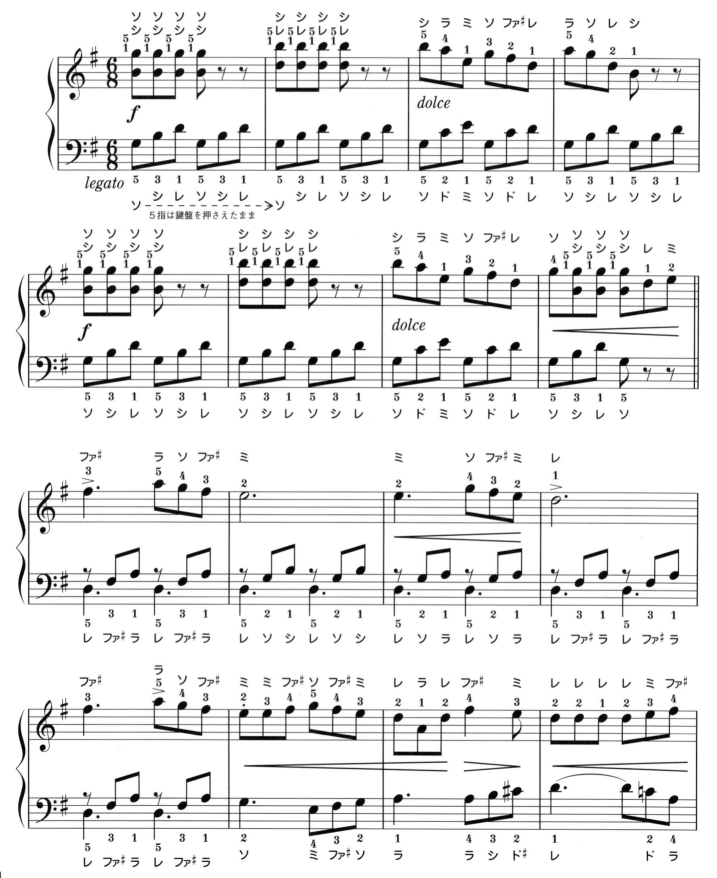

■ニ長調（Dメジャー）

ニ長調はファとドの音に［♯］（シャープ）が付きます。
「レ」の音が主音です。この音から始まる長音階をニ長調といいます。

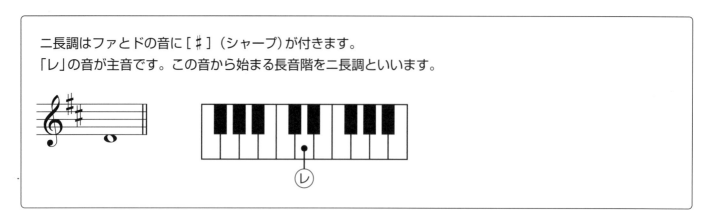

●ニ長調の音階練習

●No.59 バイエル75番 ♩=83〜96 トラック(Tr):59

◎3拍子を感じながら、強弱を付けて弾きましょう。

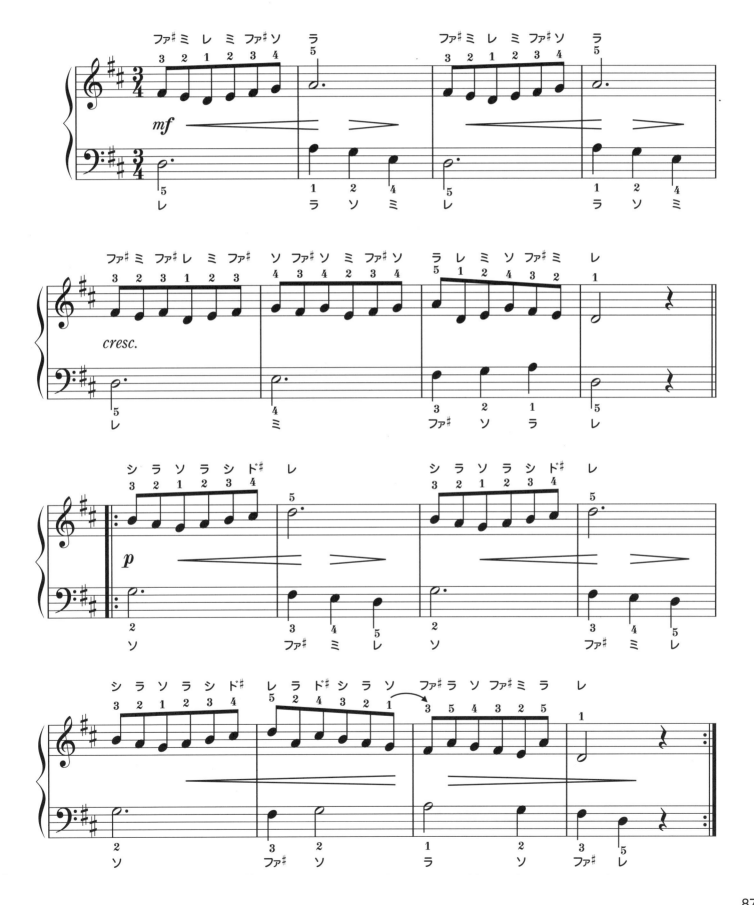

●弾いてみましょう

歓喜の歌

L. v. ベートーヴェン

●No.60　バイエル80番　♩=100〜130　トラック(Tr):60

◎半音（となり合う音）の動きに注意しましょう。

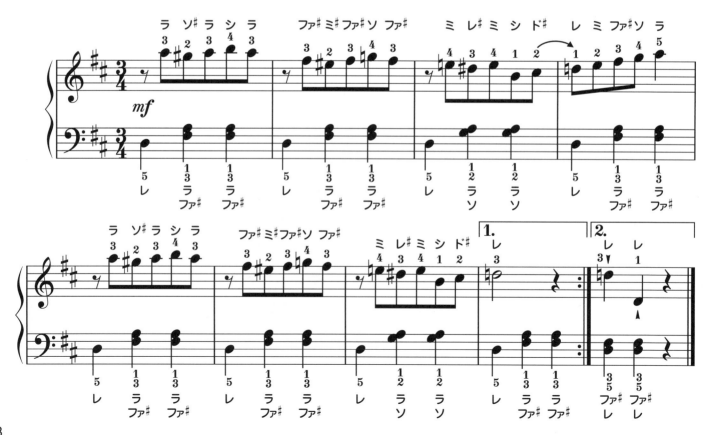

■イ長調（Aメジャー）

イ長調はファとドとソの音に［♯］（シャープ）が付きます。
「ラ」の音が主音です。この音から始まる長音階をイ長調といいます。

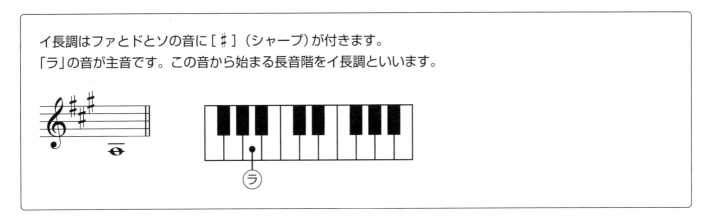

●イ長調の音階練習

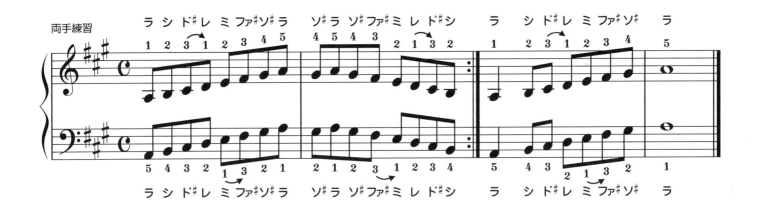

●No.61　バイエル79番　♩=78～92　トラック(Tr)：61

◎3段目の右手の8分音符は、指の回転と[♯]に気を付けて、なめらかに弾けるように練習しましょう。

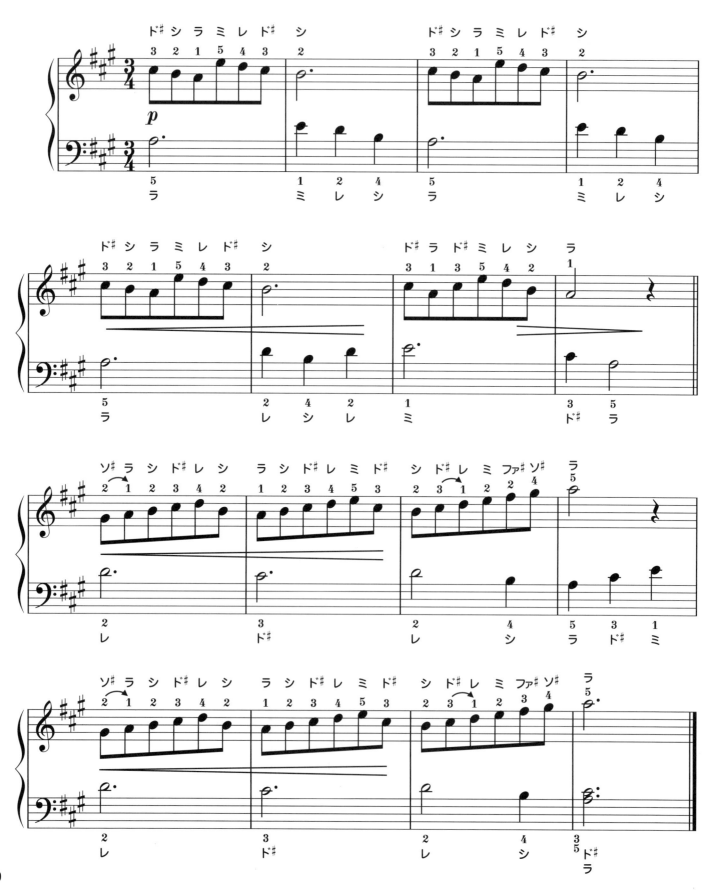

●弾いてみましょう

「ペール・ギュント」より「朝」

E. グリーグ

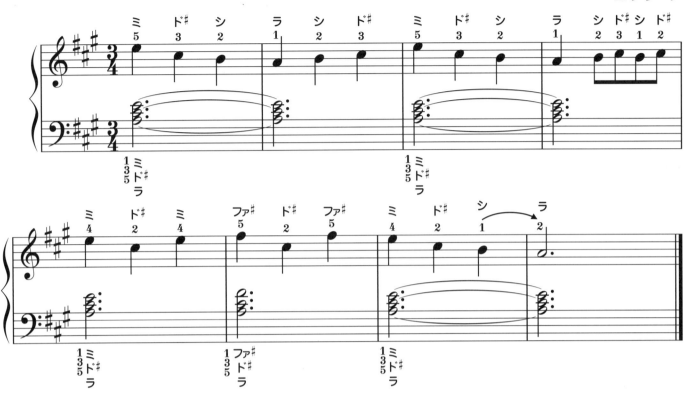

●**No.62** バイエル81番　♩=100〜120　トラック(Tr)：62

◎どの音に[♯]が付いているか、あらかじめ確認してから弾きましょう。

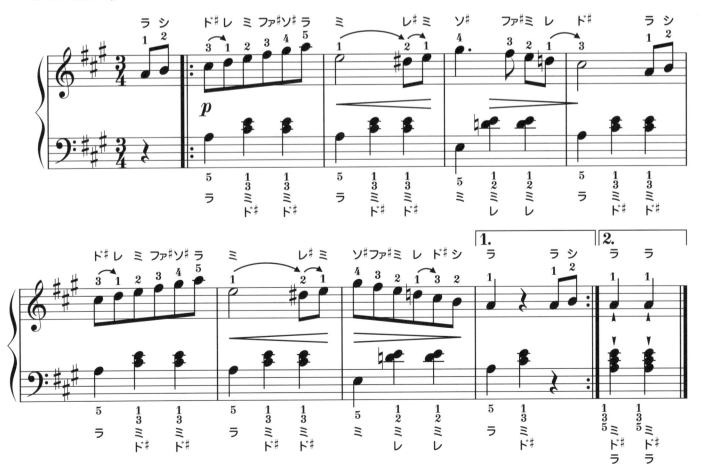

■ホ長調（Eメジャー）

ホ長調はファとドとソとレの音に［♯］（シャープ）が付きます。
「ミ」の音が主音です。この音から始まる長音階をホ長調といいます。

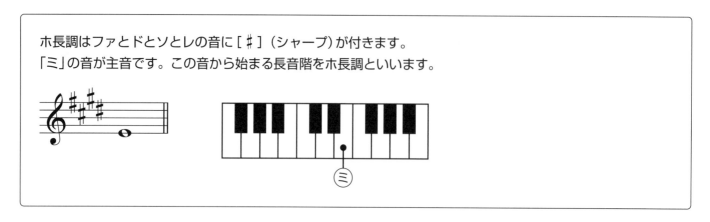

●ホ長調の音階練習

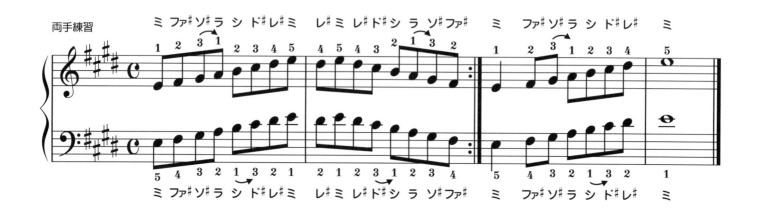

No.63 バイエル82番 ♩=100〜120 トラック(Tr):63

◎ [♯]の音がたくさん出てきますので、注意しましょう。

No.64 バイエル83番 ♩=90〜120 トラック(Tr):64

◎タイと強弱に注意しましょう。右手と左手の動きが同じになるように、なめらかに弾きましょう。

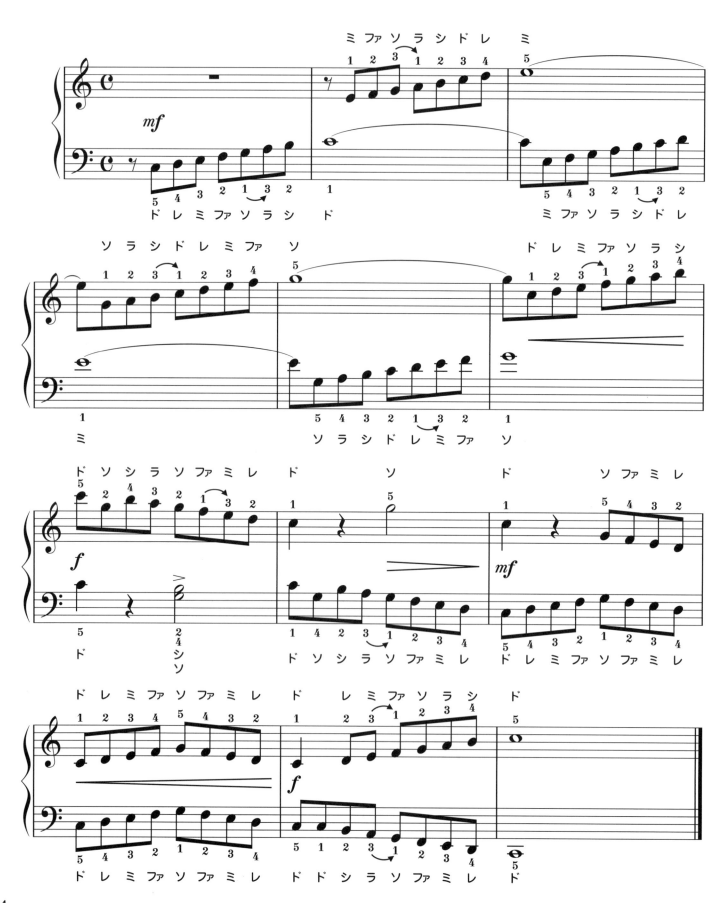

●No.66 バイエル85番 ♩=55〜80 トラック(Tr):66

◎3連符はメロディーを邪魔せず、つぶを揃えて弾きましょう。ヘ長調の曲です(106ページ参照)。シに「♭」(フラット)が付くので注意しましょう。

No.67 バイエル86番 ♩=70〜90 トラック(Tr):67

◎あらかじめ16分音符が弾ける速度にメトロノームを設定してから、[1・2・3・4]と声で数えて、拍の長さを感じながら練習しましょう。

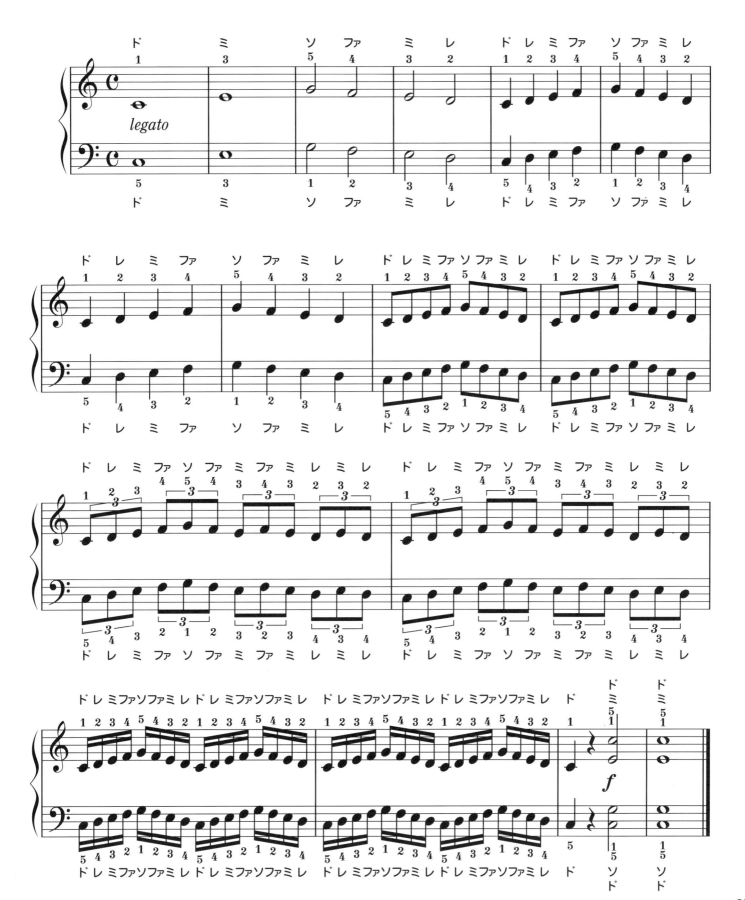

■付点8分音符

付点8分音符［♪.］は、8分音符に付点（16分音符一つ分）が付いた長さです。
♪. ＝ ♪ ＋ ♬
これに16分音符を加えると
♪.（1/2拍＋1/4拍）＋♪（1/4拍）＝ ♬ ＝ ♩ となり、1拍になります。
♬のリズムは（タッカ）と呼びます。

●練習しましょう

◎♬はタッカといいながらリズムを手で叩いてみましょう。

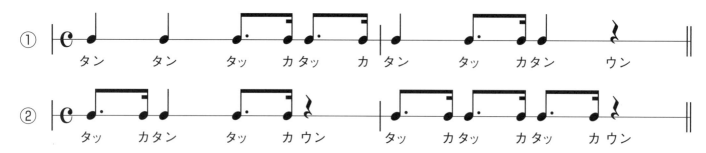

ゆき／文部省唱歌

●弾いてみましょう

おんまはみんな

アメリカ民謡

No.68 バイエル89番 ♩=74〜90 トラック(Tr):68

◎ ♫ はアクセント（＞）も付けて、しっかりと弾きましょう。

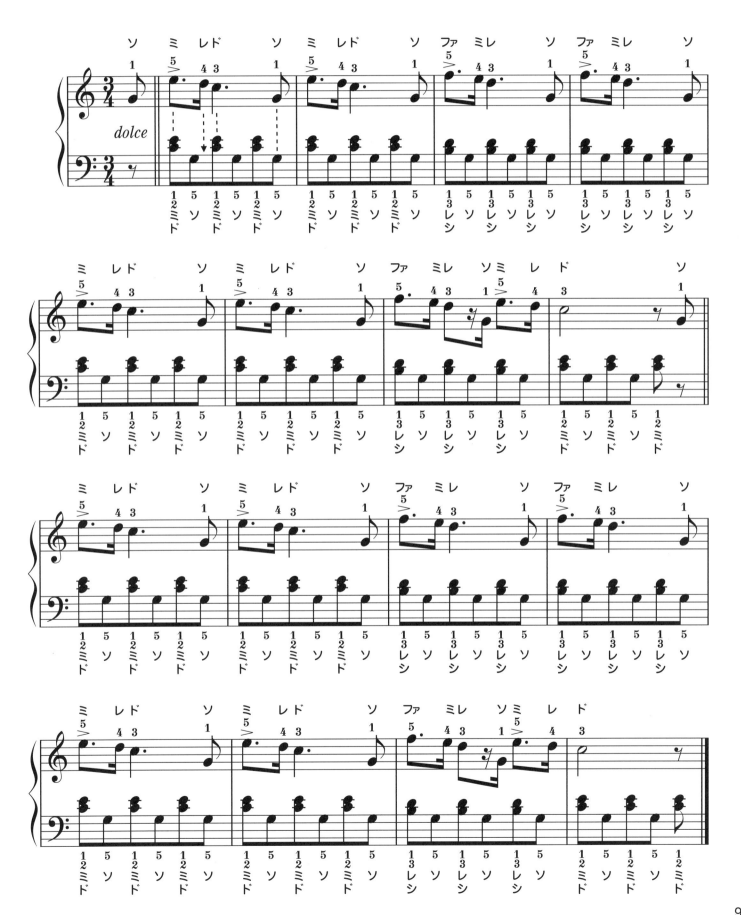

●No.69　バイエル88番　♩=76〜90　トラック(Tr)：69

◎右手と左手で拍がずれる箇所があります。あらかじめ拍の長さを確認してから、注意して弾きましょう。

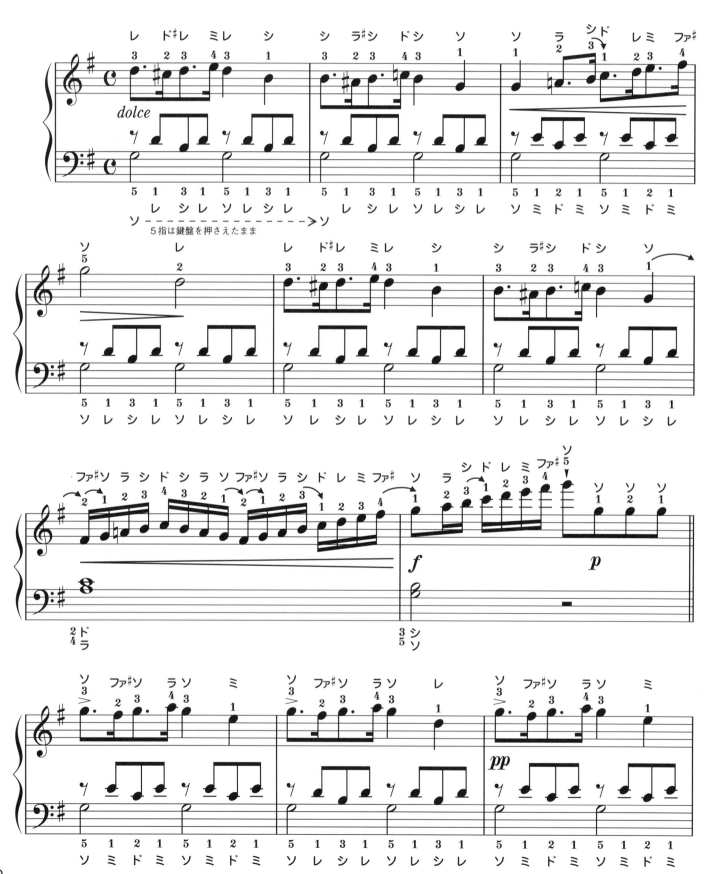

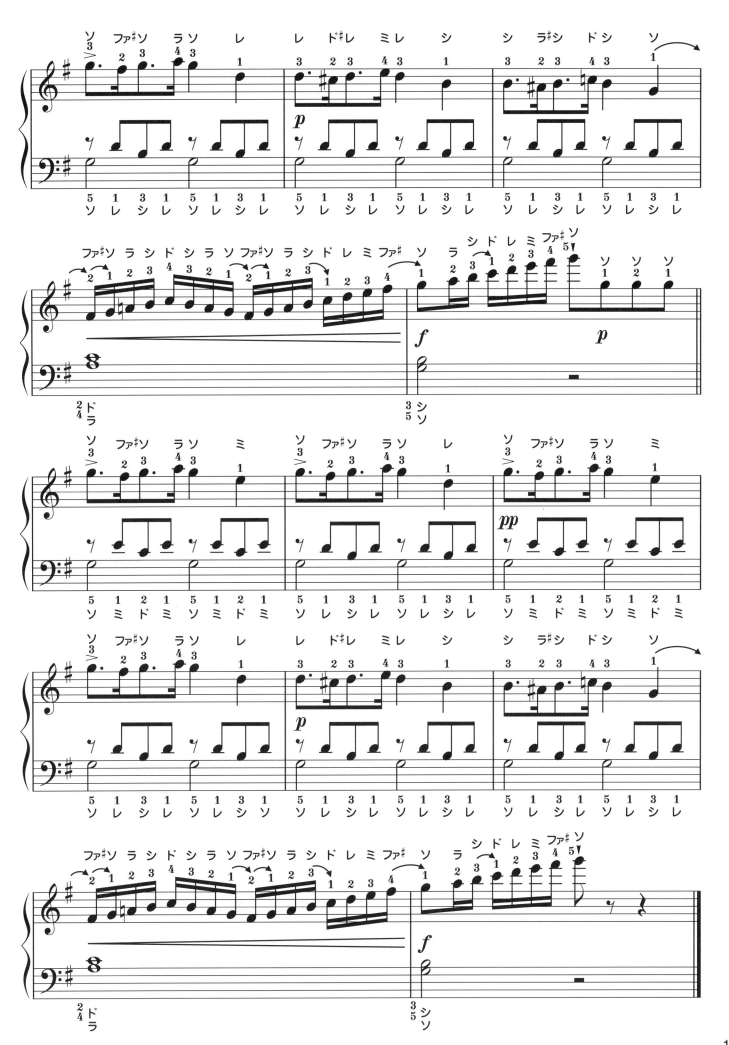

■長調と短調

ここまで色々な長音階の練習をしてきましたが、短音階の練習も加えていきましょう。
長音階と短音階の違いについては、まず鍵盤で弾いてみましょう。

●ハ長調音階

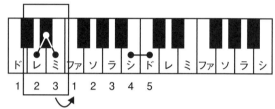

●イ短調（自然的短音階）

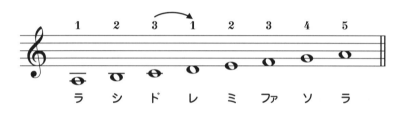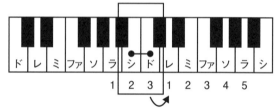

長音階が明るい響きに対して、短音階は暗い響きですね。
各音階の２番目と３番目の間に鍵盤がある（全音）か、すぐとなりの音（半音）なのかによって、長音階か短音階かが決まります。
短音階は〔自然的短音階〕の他に、〔和声的短音階〕と〔旋律的短音階〕があります。

●イ短調（和声的短音階）

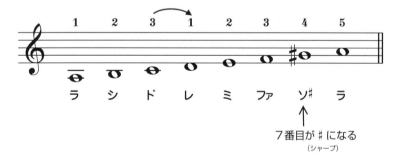

●イ短調（旋律的短音階）

■イ短調（Aマイナー）

「ラ」の音が主音です。この音から始まる短音階をイ短調といいます。
イ短調に調号は付きませんが、臨時記号に注意しましょう。

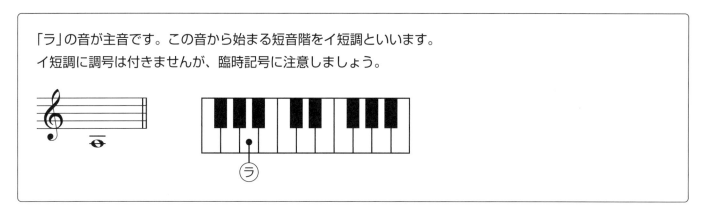

●イ短調の音階練習

右手練習（旋律的短音階）

左手練習（旋律的短音階）

両手練習（和声的短音階）

●No.70　バイエル91番　♩=65〜93　トラック(Tr)：70

◎左手の2分音符は手首を下げないように気を付けて弾きましょう。9小節目と17小節目は5の指（小指）を置く位置が変わります。すばやく移動できるようにしましょう。

原曲は左手が1オクターヴ上です。そちらのバージョンでも弾いてみましょう。

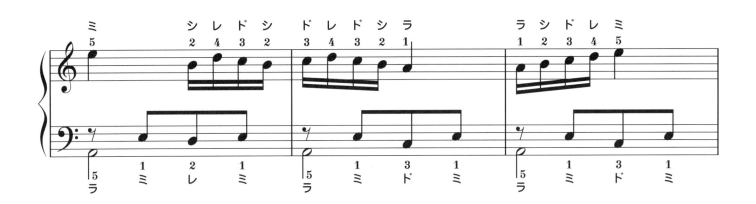
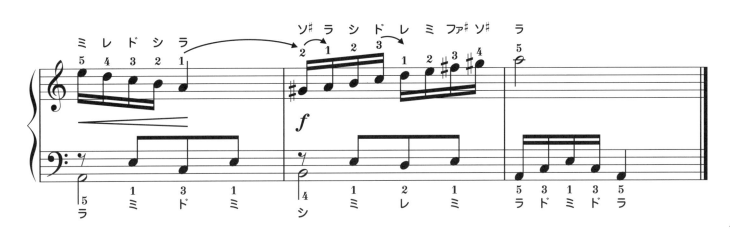

■ヘ長調（Fメジャー）

ヘ長調はシの音に［♭］（フラット）が付きます。
「ファ」の音が主音です。この音から始まる長音階をヘ長調といいます。

●ヘ長調の音階練習

右手練習

左手練習

両手練習
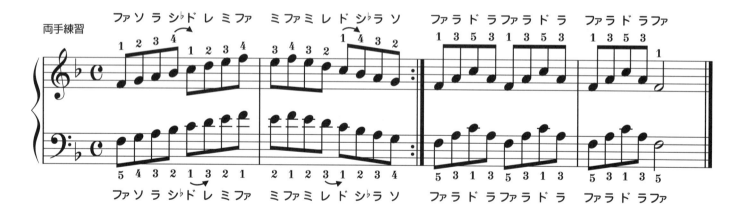

● No.71　バイエル92番　♩=73〜96　トラック(Tr)：71

◎左手の3連符は、手首を下げないで軽く円を描くように、力を抜いて弾く練習をしましょう。

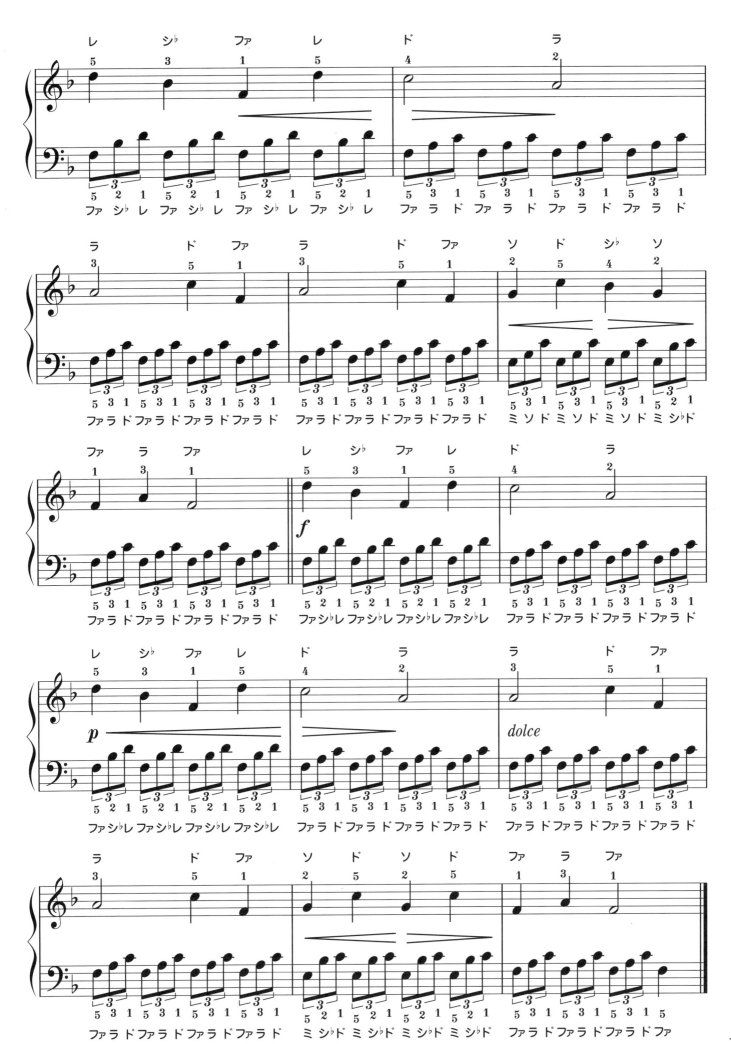

No.72 バイエル93番　♪.(♫♫)=60〜76　トラック(Tr):72

◎16分音符と8分音符に注意して、右手と左手のリズムを合わせましょう。

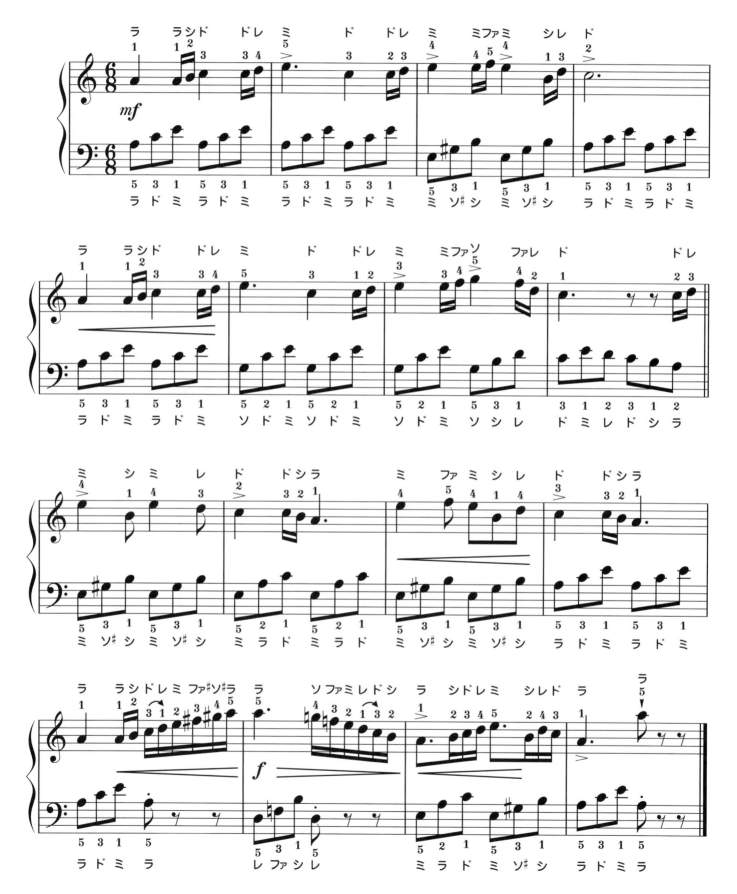

●No.73 バイエル94番 ♩(♫♫)=60〜90 ◎トラック(Tr):73

◎左手は右のメロディーの半分の大きさで、手首を下げないで弾きましょう。

●No.74 バイエル95番　♩.=50〜70 (♪=150〜210)　トラック(Tr):74

◎左手の和音は、1と5の指の幅を固定して、移動するように弾きましょう。

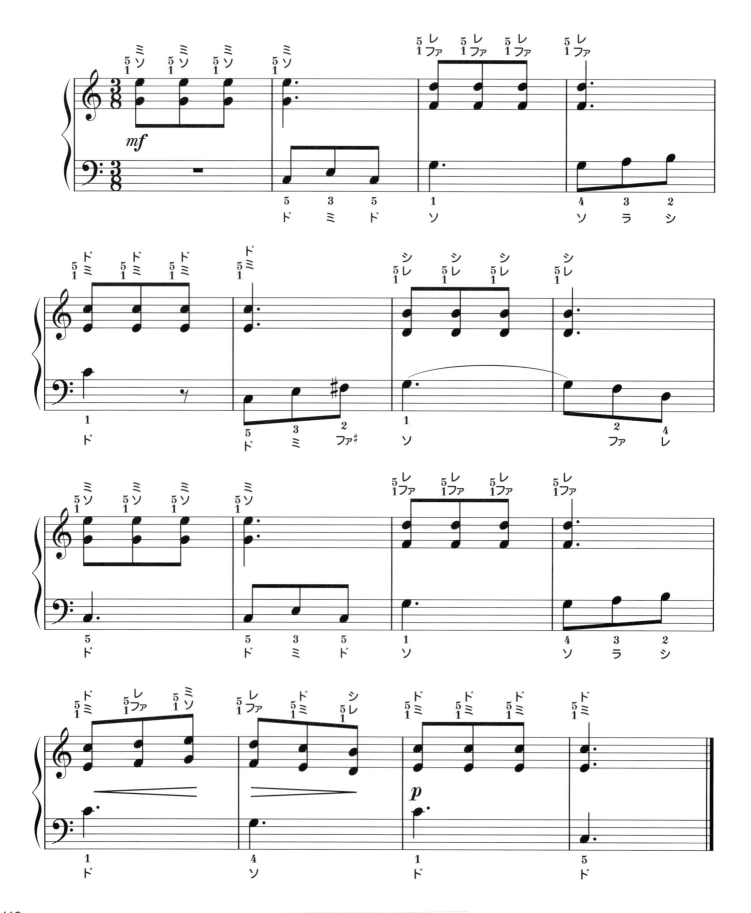

No.75　バイエル96番　♩.=50〜60（♪=150〜180）　トラック(Tr):75

◎16分音符は力を入れすぎないように、指先でつぶを揃えて弾きましょう。

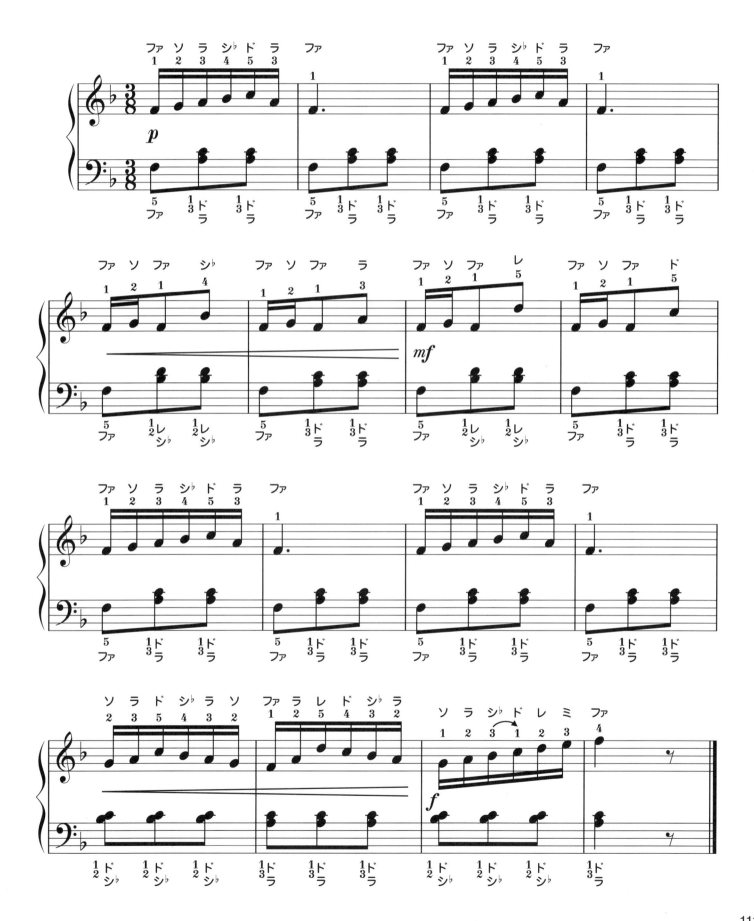

●No.76 バイエル97番 ♩.=50～65 (♪=150～195) トラック(Tr):76

◎＞(アクセント)以外の和音は、手首を上に持ち上げるようにして、力を抜いて弾きましょう。

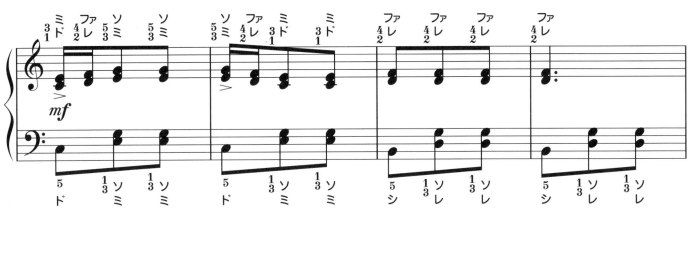
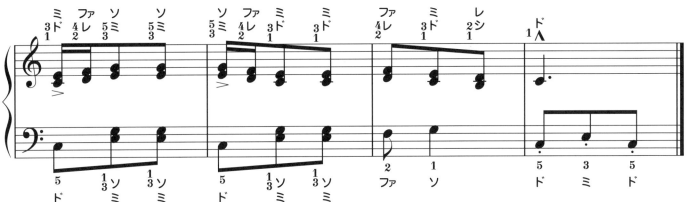

●No.77 バイエル98番 ♩.=50〜68 トラック(Tr)：77

◎左手は1拍目の音をしっかりと出して2・3拍は小さくと、強弱を付けながら3拍子を感じて弾きましょう。

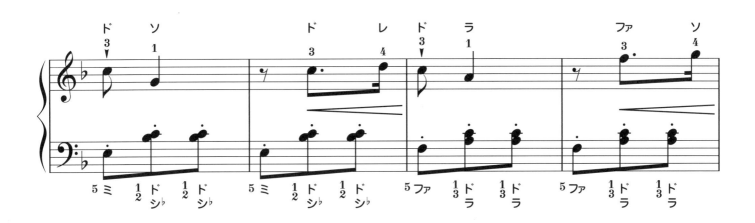
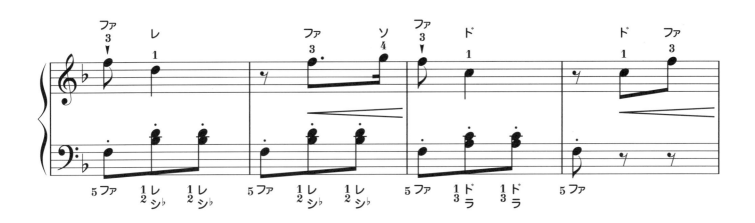
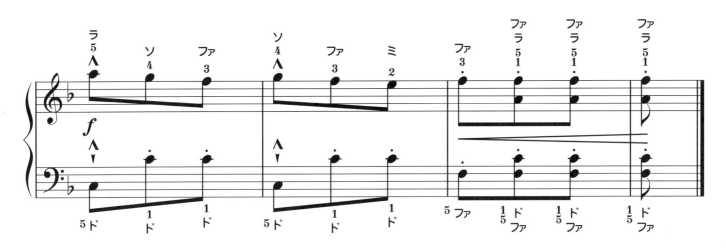

■変ロ長調（B♭メジャー）

変ロ長調はシとミの音に［♭］（フラット）が付きます。
「シ♭」の音が主音です。この音から始まる長音階を変ロ長調といいます。

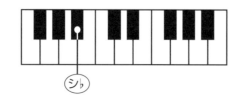

※「変」は［♭］（フラット）の意味です。この調から［♭］の調は黒鍵が主音になります。

●変ロ長調の音階練習

右手練習

左手練習

両手練習
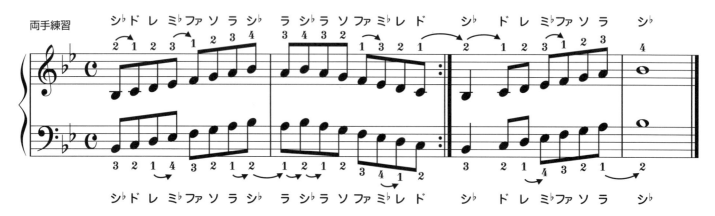

●No.78　バイエル99番　♩=46〜70　トラック(Tr)：78

◎右手の16分音符と8分音符を合わせるところは、全体のテンポが遅くならないように注意しましょう。
　その部分だけ何度も練習することも大切です。

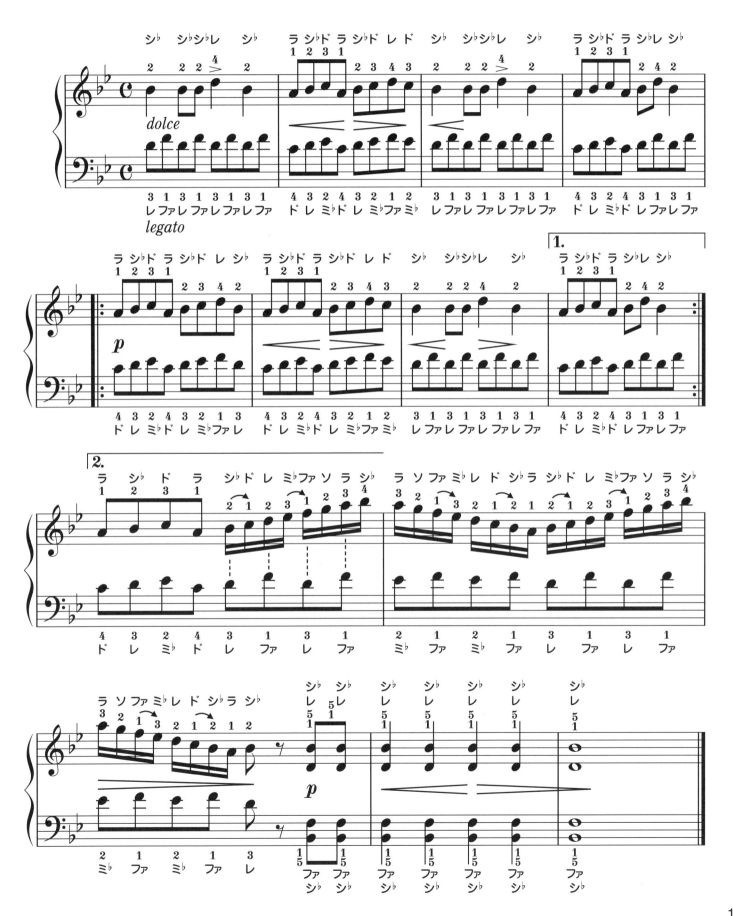

■装飾音

ある音に他の音を補ってメロディーに華やかさを加える音を装飾音といいます。

● No.79　バイエル100番　♩.=56～70　トラック(Tr)：79

◎最初の装飾音は[ド]（付点4分音符）のほんの少し前に[シ]の音を弾いて、左手の[ファ]を弾くタイミングで[ド]の音を一緒に弾きます。その際、装飾音は重くならないように注意しましょう。

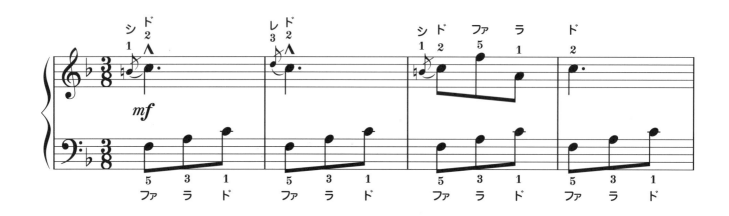

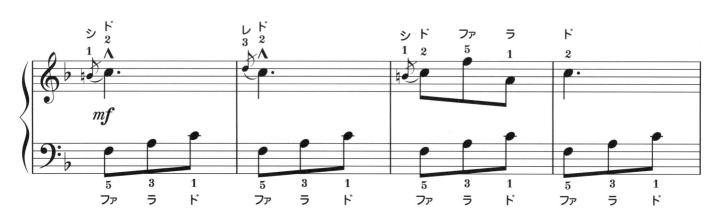

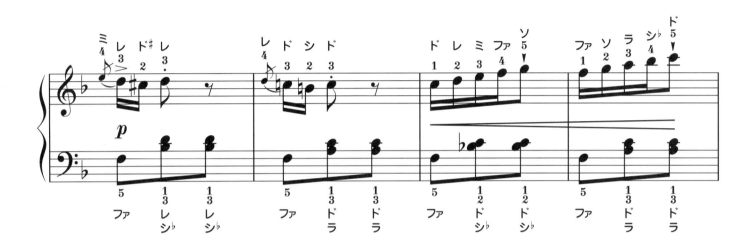
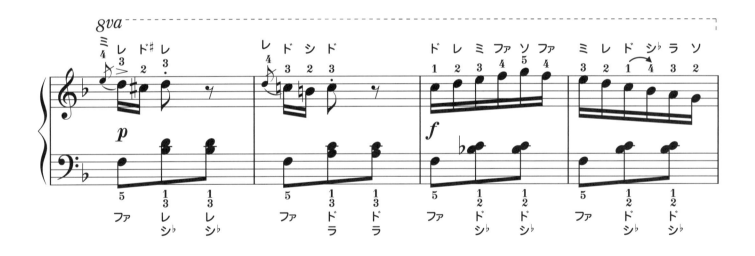
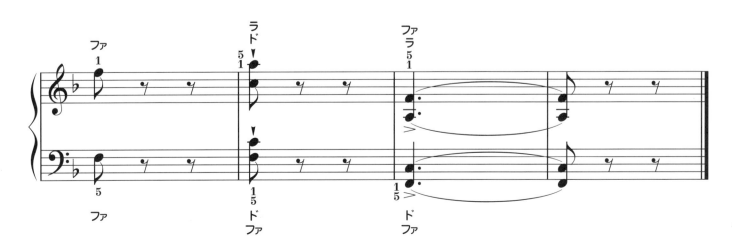

●No.80　バイエル101番　♩=80〜100　トラック(Tr)：80

◎右手の16分音符と左手の4分音符が合うように、リズムを揃えて弾きましょう。

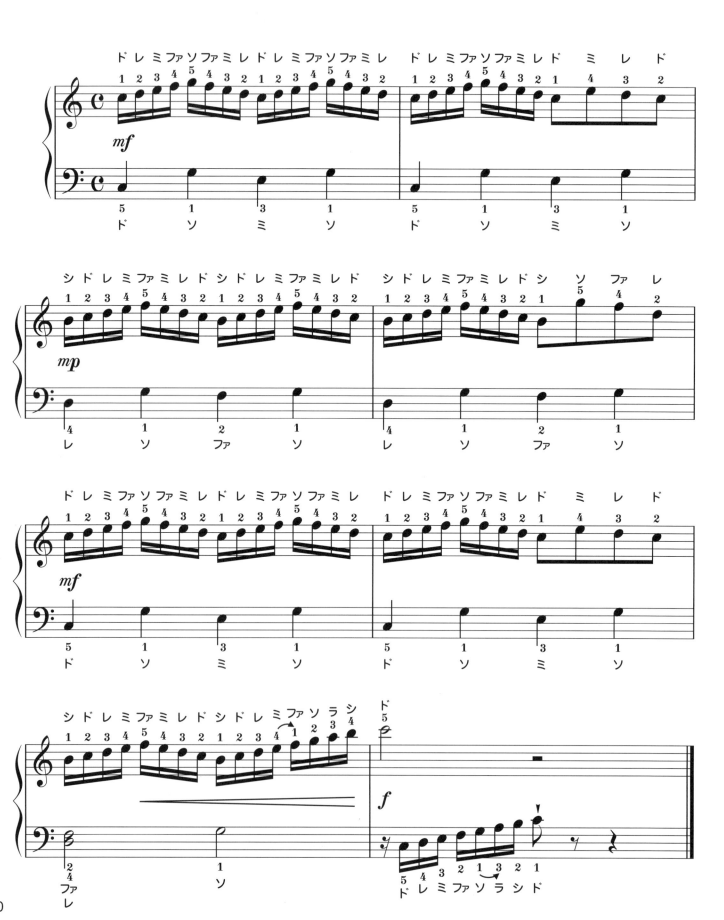

■複付点

♩…（複付点）について
2つ目の点は、1つ目の点の半分の長さです。
♩…は、♩（1拍）＋♪（0.5拍）＋♪（0.25拍）＝ 4分音符＋8分音符＋16分音符となります。

●No.81　バイエル102番　♩＝74〜90　トラック(Tr)：81

◎複付点音符のあとの16分音符を弾くタイミングに注意しましょう。

No.82　バイエル103番　♩=70〜100　トラック(Tr)：82

◎左手の分散和音は大きくならないように、右手の4分音符とずれないように気を付けて弾きましょう。

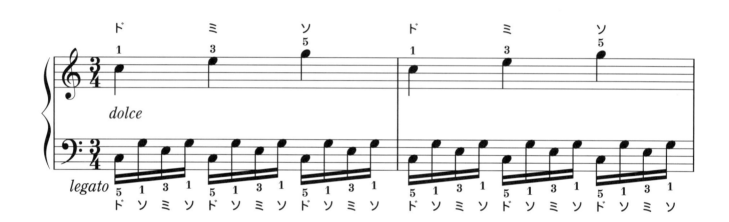

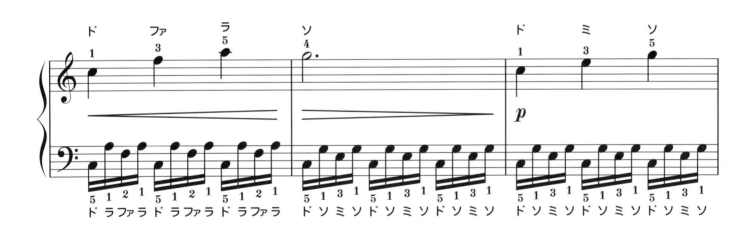

● No.83　バイエル104番　♩.=46〜70　トラック(Tr)：83

◎アクセントは大きめに、アクセントのない音は少し小さめに弾きましょう。

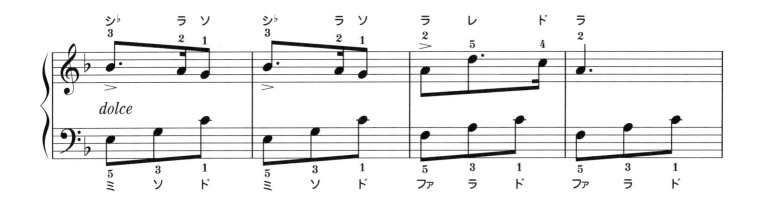
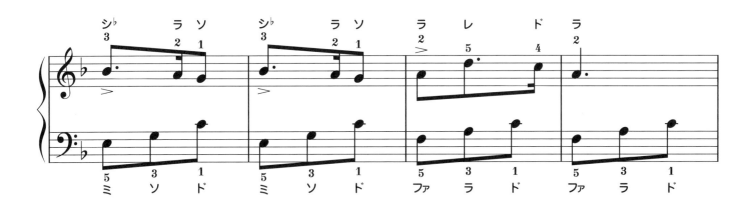
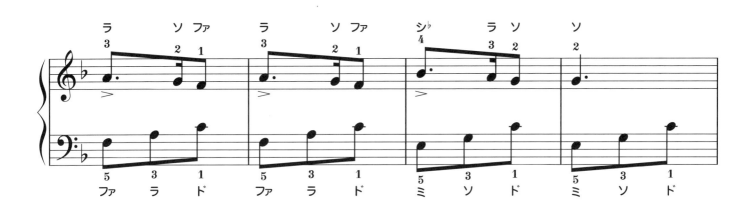
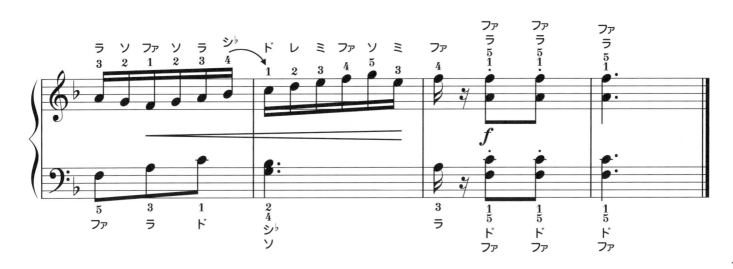

■半音階の音階練習②

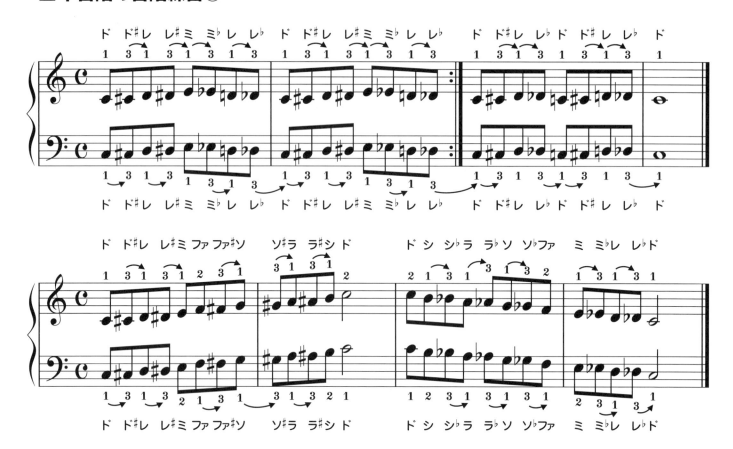

●No.84　バイエル105番　♩=90〜110　トラック(Tr):84

◎16分音符と8分音符の速さの違いに注意しましょう。手の移動はすばやくできるように練習しましょう。

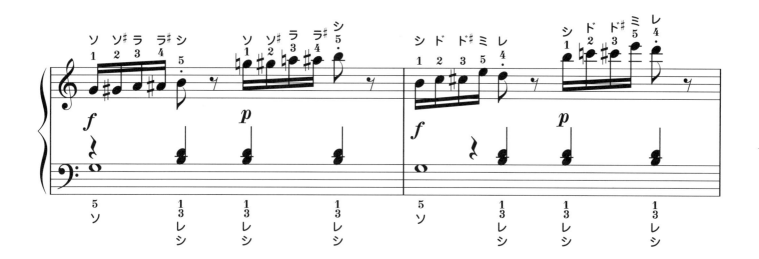
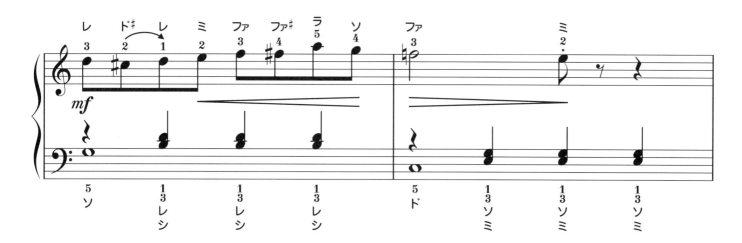

●No.85 バイエル106番　♩=110〜136　トラック(Tr)：85

◎半音階の練習を意識しながら弾いてみましょう。

●弾いてみましょう

故郷

岡野貞一

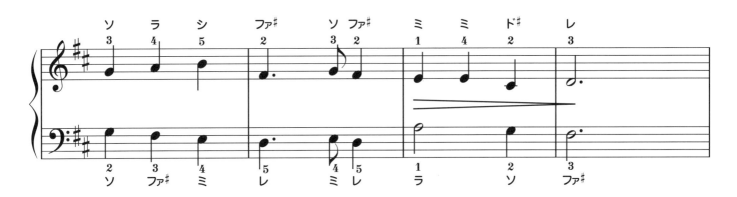

●弾いてみましょう

シューベルトの子守歌

F. シューベルト

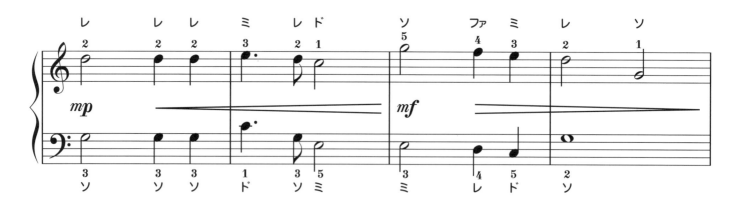

ブラームスの子守歌

J. ブラームス

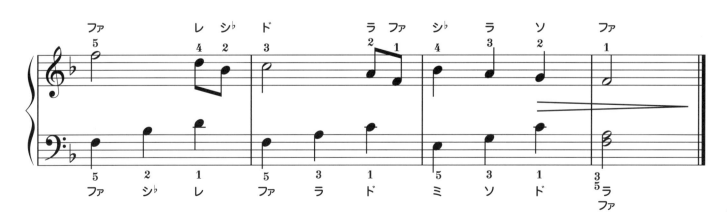

● 弾いてみましょう

メヌエット

C. ペツォールト

●弾いてみましょう

トルコ行進曲

L. v. ベートーヴェン

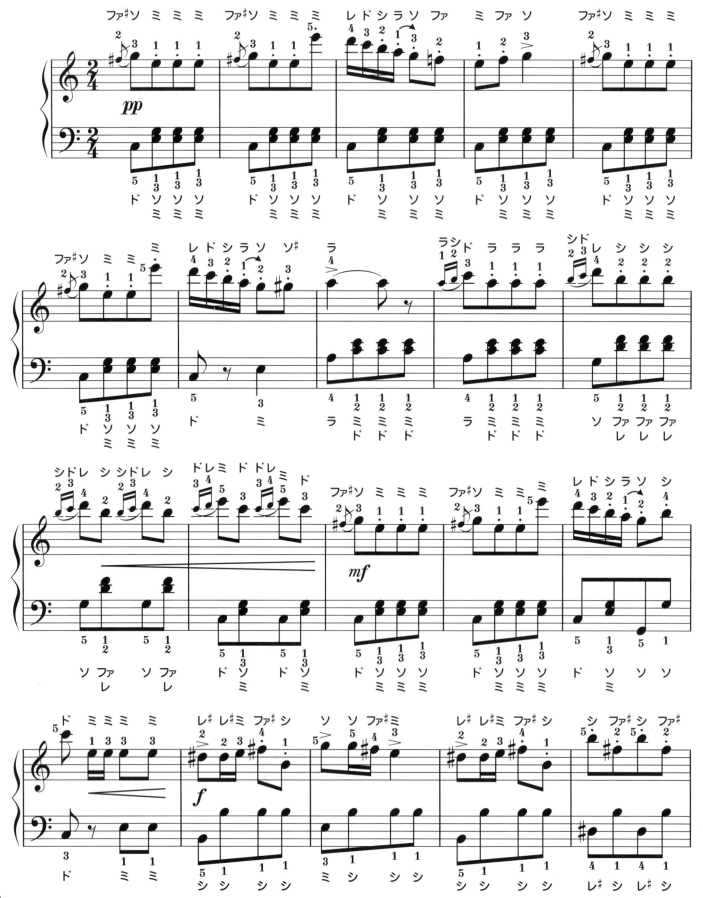

● 弾いてみましょう

エリーゼのために

L. v. ベートーヴェン

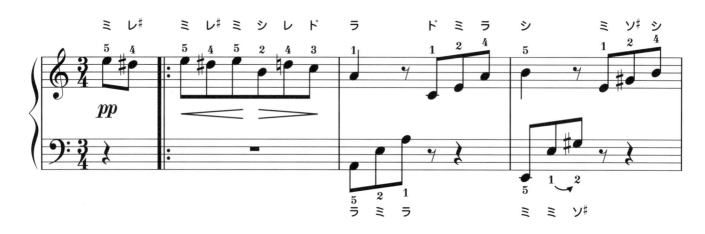
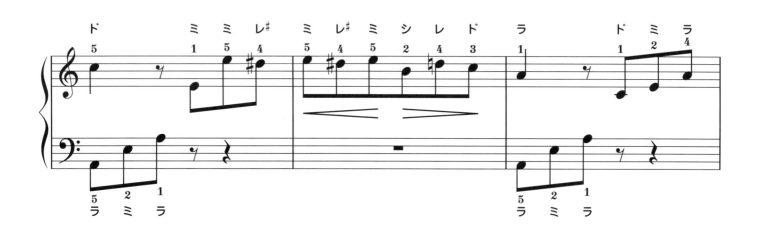
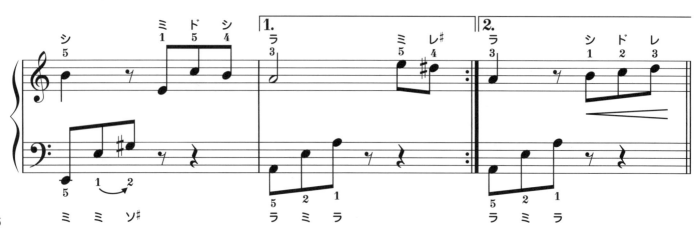

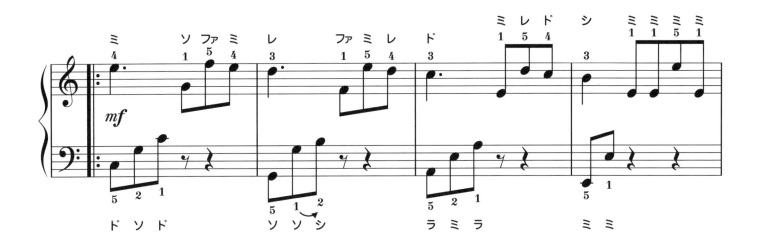
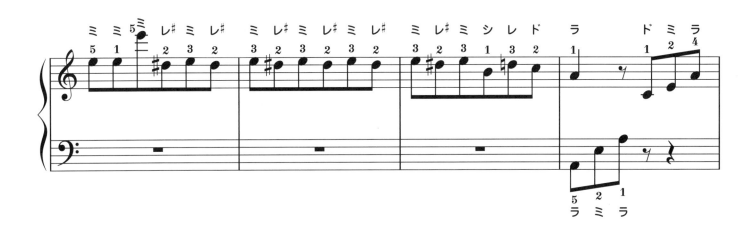
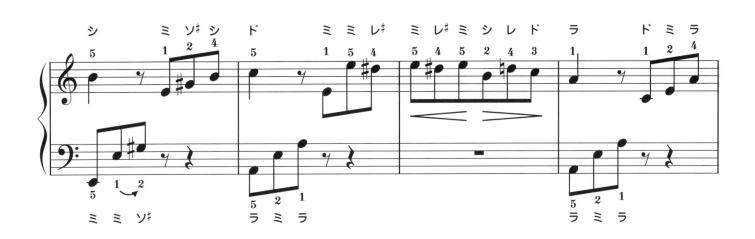
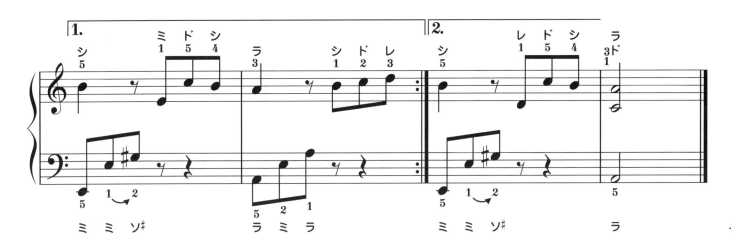

●弾いてみましょう

糸

中島みゆき

「糸」 作詞／作曲：中島みゆき
©1992 by Yamaha Music Entertainment Holdings, Inc.
All Rights Reserved. International Copyright Secured.

CD収録曲

トラック(Tr)	レッスン番号	演奏テンポ
01	No.1	♩ = 90
02	No.2	♩ = 80
03	No.3	♩ = 88
04	No.4	♩ = 88
05	No.5	♩ = 95
06	No.6	♩ = 108
07	No.7	♩ = 100
08	No.8	♩ = 115
09	No.9	♩ = 85
10	No.10	♩ = 85
11	No.11	♩ = 94
12	No.12	♩ = 88
13	No.13	♩ = 93
14	No.14	♩ = 89
15	No.15	♩ = 90
16	No.16	♩ = 110
17	No.17	♩ = 90
18	No.18	♩ = 92
19	No.19	♩ = 100
20	No.20	♩ = 110
21	No.21	♩ = 95
22	No.22	♩ = 93
23	No.23	♩ = 110
24	No.24	♩ = 86
25	No.25	♩ = 95
26	No.26	♩ = 89
27	No.27	♩ = 82
28	No.28	♩ = 98
29	No.29	♩ = 73
30	No.30	♩ = 110
31	No.31	♩ = 108
32	No.32	♩ = 113
33	No.33	♩ = 90
34	No.34	♩. = 60
35	No.35	♩ = 80
36	No.36	♩ = 80
37	No.37	♩ = 90
38	No.38	♩ = 107
39	No.39	♩ = 105
40	No.40	♩. = 62
41	No.41	♩ = 105
42	No.42	♩ = 116
43	No.43	♩ = 130
44	No.44	♩ = 115

トラック (Tr)	レッスン番号	演奏テンポ		トラック (Tr)	レッスン番号	演奏テンポ
45	No.45	♩ = 100		67	No.67	♩ = 80
46	No.46	♩ = 93		68	No.68	♩ = 90
47	No.47	♩. = 70		69	No.69	♩ = 82
48	No.48	♩ = 75		70	No.70	♩ = 90
49	No.49	♩ = 94		71	No.71	♩ = 93
50	No.50	♩ = 94		72	No.72	♩. = 63
51	No.51	♩ = 94		73	No.73	♩ = 75
52	No.52	♩ = 94		74	No.74	♩. = 60
53	No.53	♩ = 100		75	No.75	♩. = 55
54	No.54	♩ = 90		76	No.76	♩. = 53
55	No.55	♩ = 88		77	No.77	♩. = 57
56	No.56	♩ = 120		78	No.78	♩ = 70
57	No.57	♩ = 118		79	No.79	♩. = 57
58	No.58	♩. = 70		80	No.80	♩ = 85
59	No.59	♩ = 95		81	No.81	♩ = 80
60	No.60	♩ = 120		82	No.82	♩ = 85
61	No.61	♩ = 92		83	No.83	♩. = 55
62	No.62	♩ = 120		84	No.84	♩ = 96
63	No.63	♩ = 120		85	No.85	♩ = 120
64	No.64	♩ = 120				
65	No.65	♩. = 60				
66	No.66	♩ = 75				

レッスンメモ

Lesson Memo

それぞれの曲目に取り組みはじめた日、弾けるようになった日と、気づいたこと・感じたことなどをメモしておいて、演奏を繰り返す際に活用しましょう。

レッスン番号	バイエル番号	ページ	弾きはじめた日	弾けるようになった日	気づいたこと・感じたこと
No.1	3番	12	／	／	
No.2	4番	12	／	／	
No.3	12番	13	／	／	
No.4	13番	13	／	／	
No.5	8番	14	／	／	
No.6	9番	15	／	／	
No.7	18番	16	／	／	
No.8	20番	17	／	／	
No.9	23番	18	／	／	
No.10	24番	18	／	／	
No.11	25番	19	／	／	
No.12	28番	20	／	／	
No.13	29番	21	／	／	
No.14	31番	23	／	／	
No.15	32番	24	／	／	
No.16	33番	26	／	／	
No.17	35番	27	／	／	
No.18	36番	28	／	／	
No.19	37番	30	／	／	
No.20	38番	32	／	／	
No.21	39番	33	／	／	
No.22	40番	34	／	／	
No.23	41番	35	／	／	
No.24	42番	36	／	／	
No.25	43番	37	／	／	
No.26	44番	38	／	／	
No.27	45番	40	／	／	
No.28	46番	41	／	／	
No.29	47番	42	／	／	
No.30	50番	44	／	／	
No.31	49番	46	／	／	
No.32	48番	49	／	／	
No.33	51番	50	／	／	
No.34	52番	52	／	／	
No.35	53番	53	／	／	
No.36	54番	53	／	／	
No.37	55番	54	／	／	
No.38	56番	56	／	／	
No.39	57番	57	／	／	
No.40	59番	58	／	／	

レッスン番号	バイエル番号	ページ	弾きはじめた日	弾けるようになった日	気づいたこと・感じたこと
No.41	60番	60	／	／	
No.42	61番	63	／	／	
No.43	62番	64	／	／	
No.44	63番	66	／	／	
No.45	64番	68	／	／	
No.46	65番	71	／	／	
No.47	66番	72	／	／	
No.48	67番	73	／	／	
No.49	68番	74	／	／	
No.50	69番	74	／	／	
No.51	70番	76	／	／	
No.52	71番	76	／	／	
No.53	72番	77	／	／	
No.54	74番	79	／	／	
No.55	73番	80	／	／	
No.56	76番	81	／	／	
No.57	77番	82	／	／	
No.58	78番	84	／	／	
No.59	75番	87	／	／	
No.60	80番	88	／	／	
No.61	79番	90	／	／	
No.62	81番	91	／	／	
No.63	82番	93	／	／	
No.64	83番	94	／	／	
No.65	84番	95	／	／	
No.66	85番	96	／	／	
No.67	86番	97	／	／	
No.68	89番	99	／	／	
No.69	88番	100	／	／	
No.70	91番	104	／	／	
No.71	92番	106	／	／	
No.72	93番	108	／	／	
No.73	94番	109	／	／	
No.74	95番	110	／	／	
No.75	96番	111	／	／	
No.76	97番	112	／	／	
No.77	98番	114	／	／	
No.78	99番	117	／	／	
No.79	100番	118	／	／	
No.80	101番	120	／	／	
No.81	102番	121	／	／	
No.82	103番	122	／	／	
No.83	104番	124	／	／	
No.84	105番	126	／	／	
No.85	106番	128	／	／	

企画・監修・編著：斎藤クミコ
制作：ビクターミュージックアーツ株式会社
制作協力：久松義恭
楽譜浄書・DTP：株式会社クラフトーン
装幀：朝田春未

㈱ヤマハミュージックエンタテインメントホールディングス　出版許諾番号　20230754P
（許諾の対象は㈱ヤマハミュージックエンタテインメントホールディングスが許諾することのできる楽曲に限ります）

今日からはじめる いちばんやさしい「大人のバイエル」

2023年11月22日　第1版第1刷発行

発行者　村上雅基
発行所　株式会社PHP研究所
　　　　京都本部　〒601-8411　京都市南区西九条北ノ内町11
　　　　　　　　［内容のお問い合わせは］暮らしデザイン出版部 ☎075-681-8732
　　　　　　　　［購入のお問い合わせは］普　及　グ　ル　ー　プ ☎075-681-8818
印刷所　図書印刷株式会社

©PHP Institute, Inc. 2023 Printed in Japan　　　　　　　　　　　　　　　　　ISBN978-4-569-85625-4
※本書の無断複製（コピー・スキャン・デジタル化等）は著作権法で認められた場合を除き、禁じられています。
　また、本書を代行業者等に依頼してスキャンやデジタル化することは、いかなる場合でも認められておりません。
※落丁・乱丁本の場合は、送料弊社負担にてお取り替えいたします。